FAIS CE QU'IL TE PLAÎT

FAIS CE QU'IL TE PLAÎT

MAUD SIMON

12 SEMAINES POUR TROUVER VOTRE VOIE ET RENCONTRER VOTRE DESTIN

Préface de Marie Boulic-Mersch

INTERÉDITIONS

Photo Maud Simon : © Alice Lemarin

InterÉditions est une marque de
Dunod Éditeur, 11 rue Paul Bert, 92240 Malakoff

ISBN 978-2-7296-1884-1

SOMMAIRE

Préface

BONDIR DE SON LIT CHAQUE MATIN, le sourire aux lèvres, prêt à faire de cette journée LA journée.

Cela vous semble improbable ?

Pourtant, grâce à un sentiment tout simple, c'est évident.

Un sentiment qui se provoque. Se piste, se guette, se traque et se cajole une fois capturé : l'enthousiasme.

Nous n'avons sans doute jamais été aussi libres et n'avons jamais disposé d'autant de moyens... et pourtant nos vies sont contenues dans des schémas que nous ne songeons pas, la plupart du temps, à remettre en question.

Depuis quand n'êtes-vous pas sorti des clous ?

À quand remonte votre plus fameux coup de folie ?

Vous a-t-on déjà dit que vous étiez un peu branque ?

Oui ? C'est très bon signe ! (On devrait tous être le branque de quelqu'un).

Non ? Vous avez tout à apprendre et c'est tout aussi enthousiasmant : Maud est une guide formidable sur la route de soi-même, sur la voie du « ça, c'est vraiment moi ».

Ce livre est une invite à décorseter notre personnalité et à lâcher notre imagination, à la laisser s'ébrouer, pour ensuite en jouer comme du plus beau des instruments.

À l'origine de cette invite, Maud. De la famille des enthousiastes, Maud est drôle, perspicace et pertinente et accompagne depuis plus de dix ans les personnes en quête de sens. De leur(s) sens. À la recherche de leur intuition.

Si vous ouvrez ce livre, c'est sans doute poussé par une soif. Une curiosité. Peut-être l'avez-vous choisi après avoir enfin entendu la petite voix qui chantonne en vous (ou qui s'époumone, si vous faisiez jusque-là la sourde oreille), pour vous indiquer le chemin de votre cœur.

La plupart d'entre nous feint de ne pas entendre cet appel, souvent parce que nous craignons que cette petite voix nous charme. Parce que des années de conditionnement nous ont persuadés que lui céder serait comme suivre une chimère ou un rat du joueur de pipeau de Hamelin... Que la laisser nous guider nous mènerait droit à notre perte, en somme.

Car faire ce qui nous plaît peut manquer de sérieux. De réalisme. Devenir adulte, c'est se résigner. Faire des choix rationnels. Contenir la voix. Peu nombreuses sont les personnes qui annoncent volontiers vouloir embrasser la carrière de peintre, de sculpteur ou d'écrivain, de peur de passer pour un rêveur ou un doux dingue. Trop d'appelés, trop peu d'élus. On connaît les refrains qui nous entravent. Et pourtant, cela n'empêche rien. Cela n'empêche pas de peindre, de sculpter ou d'écrire. Et c'est alors déjà se mettre en chemin. Déjà suivre la voie, et pour le meilleur, croyez-moi.

Et à vrai dire... si vous faites le choix de ne pas écouter cette petite voix (car oui, que vous le reconnaissiez ou non, la bâillonner résulte aussi d'un choix), si donc vous vous appliquez, jour après jour, à ne pas l'écouter, dites un peu : qui allez-vous écouter alors ? Comment saurez-vous où est votre Nord ?

Peut-être avez-vous suivi le Nord de quelques autres. Et peut-être aviez-vous conscience que suivre ce Nord étranger était se fourvoyer. À quel point pensez-vous pouvoir être heureux en marchant à côté de vous-même ? Et combien de temps croyez-vous pouvoir tenir ?

Aucune voix ne chante pour vous ? Vos tripes ne vous guident vers rien de précis ? Munissez-vous de ce livre et appliquez à la lettre les recommandations de Maud. Vous sentirez un jour ou l'autre la vague se lever en vous, parce qu'ouvrir ce livre, c'est déjà ouvrir une vanne.

Maud m'a dit un jour « L'écriture est en toi. C'est un feu. Soit il te consume, soit il te réchauffe. À toi de jouer. » À nous de jouer, donc, et de nous offrir le luxe de cette liberté : suivre cet appel.

Et tout bien considéré : est-il plus grand projet de vie que de faire ce qui nous plaît ?

Allez, en route pour l'euphorie !

Marie Boulic-Mersch
Rédactrice en chef du magazine *In the Moment*

À Howard Buten, qui, le premier, m'a prouvé
qu'il était possible de faire ce qu'il nous plaît

À ma douce Lily-Marie
À mes admirables parents

Avant-propos

« Si les choses ne vous conviennent pas, changez-les. Vous n'êtes pas un arbre. »
Jim Rohn

Chères lectrices, chers lecteurs,

Quel bonheur de vous imaginer partir dans cette grande aventure qu'est l'exploration passionnante de vous-même, de vos désirs profonds, et de votre vocation (ou de *vos* vocations)

J'ai écrit *Fais ce qu'il te plaît* en 2011. Et j'ai la grande joie de voir cet ouvrage réédité, et d'avoir ainsi la possibilité d'ajuster les mots et les exercices qui peuplent ce livre avec ce que j'ai appris durant ces huit dernières années, au travers de tous les accompagnements individuels que j'ai eu la chance de mener.

Le programme reste par essence le même, mais j'ai voulu optimiser sa structure, fluidifier son cheminement, ajouter des exercices nouveaux et importants, et en retirer certains qui me semblaient moins adéquats aujourd'hui.

Il m'a également semblé important d'intégrer une part interactive à cet ouvrage, en créant pour vous un site dédié, sur lequel vous pourrez trouver des outils supplémentaires, et poser vos questions.

Je n'ai pas pour autant souhaité transfigurer cet ouvrage, et j'espère ainsi de tout cœur qu'il conservera son âme, tout en intégrant un souffle joyeux de nouveauté et d'énergie.

Ce livre- le mien, et désormais le vôtre et le nôtre- vous aidera, je le souhaite profondément, à voir plus clair en vous, à vous reconnecter à votre Moi essentiel, à définir les lignes de la vie que vous vous voulez vraiment vivre, et à vous connecter à la contribution merveilleuse et essentielle que vous pouvez apporter à notre univers.

Chacune et chacun de nous a le pouvoir de changer sa vie pour le meilleur. Et de contribuer ainsi à changer le monde. Ne négligez jamais ce pouvoir, car il est immense...

Très belle exploration, et à tout de suite !

Introduction

Bienvenue et merci d'avoir pris la décision de partir à la recherche de vos rêves, de vos talents et de vos passions enfouis.

Je vous remercie parce que, ne pas développer votre potentiel, ne pas réaliser vos rêves, ne pas faire ce que vous aimez, c'est une perte terrible pour vous mais aussi pour le monde ; parce que le monde a besoin des dons de chacun. Des vôtres comme des miens.

Et lorsque vous trouvez votre voie, lorsque vos activités vous épanouissent, lorsque votre existence trouve tout son sens, vous aidez les autres par la même occasion : en les inspirant, en leur offrant votre enthousiasme et la richesse de vos dons. Nous dépendons tous des talents d'autres personnes (d'artisans, d'écrivains, de professeurs, de médecins, de parents, de journalistes – la liste est extensible à l'infini) et nous nous devons de donner le meilleur de nous en retour.

Pour nous-mêmes, pour nos proches, et pour le monde.

Vous êtes né avec une combinaison de talents, de qualités, d'intérêts, de valeurs, aussi unique que vos empreintes digitales. Vous avez le pouvoir – et le devoir ! – d'être tout ce que vous pouvez être. Et être tout ce qu'on peut être, c'est avant tout identifier, respecter et suivre nos intérêts et nos aspirations. **Parce que notre potentiel siège dans ce qu'on aime**. Notez cette phrase en lettres d'or ! (Mais, ne vous inquiétez pas, je saurai vous la répéter quand vous serez sur le point de l'oublier...)

Quelque part, à l'intérieur de vous, vous savez ce qui est bon pour vous, ce que vous aimez vraiment, vous savez ce qui vous rendrait heureux. Mais vous l'avez perdu de vue. Parce que vous avez appris, au fil des années, à devenir « raisonnable », « réaliste », « adulte », « responsable ».

Les contraintes financières, logistiques, familiales, sociales, ont progressivement occupé la plus grande partie de votre espace psychique, de votre temps, de votre énergie. Les nombreux aléas de la vie quotidienne ont petit à petit phagocyté votre clairvoyance, votre intuition, brouillé votre capacité à savoir ce qui est bon pour vous, ce dont vous avez vraiment besoin, ce qui vous anime, ce qui vous transporte, ce qui vous entraîne, ce qui vous passionne. Ils ont flouté votre horizon, vous éloignant toujours un peu plus loin de vous.

C'est un problème rencontré par une grande majorité d'entre nous. De multiples voix nous ont répété qu'on mourrait de faim si l'on voulait devenir artiste, qu'on finirait sous un pont si l'on imaginait même une seconde être écrivain. On nous a rabâché qu'il nous fallait choisir un métier « valable » dans une filière qui recrute, au sein d'un marché porteur. On nous a peut-être intimé d'avoir des bonnes notes en maths, et d'essayer d'intégrer une école préparatoire ou des concours de la fonction publique.

On nous a dit qu'un travail, ça se trouvait. On nous a moins dit qu'un travail, ça pouvait aussi se créer.

On nous a affirmé que le plaisir, c'était pour les week-ends, les jours de RTT, les vacances ou la retraite, en sous-entendant donc qu'il était normal que celui-ci soit exclu de nos quelque quarante ans de vie active.

Lorsque l'on ose parler d'un de nos rêves à des proches, confier une envie secrète, un projet un peu fou, une idée qui nous euphorise, il arrive bien souvent que la réaction de ces personnes – qui n'ont en fait, parfois, qu'une vague idée de qui l'on est réellement et de ce dont est capable – ne soit pas tout à fait conforme à celle qu'on avait espérée. On peut alors se retrouver à la merci d'un œil dubitatif, d'une moue insondable, d'un léger rictus de raillerie, ou d'un sourcil circonflexe. Le pire étant lorsque des mots ironiques et décourageants viennent compléter l'ensemble, vous laissant, tout sonné, sur le carreau, avec cette sensation d'être dingue et/ou naïf et/ou stupide, au milieu de vos rêves réduits en poussière en moins de dix secondes.

Parce qu'il est bien désagréable de se sentir petit et désapprouvé, on apprend à se détacher de tout ce que nos proches, et plus globalement, la société, pourraient qualifier d'irréaliste. Ce qui fait que, dès que nous commençons à penser secrètement « j'aimerais vraiment faire le tour du monde en vélo électrique, créer des jouets en bois, escalader cette montagne, apprendre à piloter, ouvrir un spa pour chiens ou créer des bijoux... », une petite voix intérieure s'élève instantanément et débite comme l'éclair une somme écrasante d'objections : « mais c'est impossible, tu n'as pas de temps pour ça, pas assez d'argent, tu es trop vieux, trop pauvre, trop jeune, tu n'as pas fait assez d'études, tu n'es pas assez doué, tu ne vis pas au Pays des Rêves Bleus... ».

Et voilà comment on réduit des rêves au silence, à longueur de temps ; voilà comment on les enfouit. Et quand on enfouit nos rêves et nos passions, c'est notre potentiel, notre joie de vivre, notre équilibre, notre capacité au bonheur que l'on fait disparaître par la même occasion. C'est notre identité. C'est nous-mêmes que nous faisons disparaître. Et le plus invraisemblable dans tout ça, c'est que toutes ces objections sont très majoritairement fausses, fausses... archi-fausses (à part peut-être celle qui dit qu'on ne vit pas au Pays des Rêves Bleus).

Bien. Ce tableau quasi apocalyptique étant dressé, nul besoin pour autant de fondre en larmes ou de vous taper la tête contre les murs pour cause de désespoir avancé. Car, la bonne nouvelle arrive tout de suite : Vos rêves, vos passions, votre vocation, vos dons sont là. En vous. À portée de main. Ils sont juste un peu éparpillés aux quatre coins de votre esprit et de votre cœur, dissimulés sous quelques tracas, empoussiérés par quelques conditionnements. Mais ils sont là. Et nous allons partir à leur recherche. Maintenant. Tout de suite. Et nous allons les retrouver. Grâce à un arsenal d'outils diablement efficaces. Soupirs de soulagement, cris d'allégresse. Suivez-moi...

Ce qui vous attend

(avec impatience !) dans ce programme

Il existe des cours pour apprendre à peindre, à rempailler des chaises, à cuisiner des sushis, à respirer... Mais vous aurez noté que les cours pour réapprendre à rêver sont plus rares. C'est donc pour combler cette lacune que j'ai créé ce programme. Pour que vous ne vous sentiez pas seul dans la reconquête de vos espoirs, de vos aspirations et de vos dons ; dans la redécouverte de ce que vous êtes.

Oui, mais alors comment faire ?

Voici quelques indications pour vous aider à découvrir le programme.

1. « CRACKER LE CODE »

Après avoir passé des années à vivre un peu à côté de vous-même, vous ne savez sans doute plus tout à fait quels sont vos talents ni quelles sont vos passions. Mais, comme je vous le disais à l'instant, ils sont là, en vous, bien présents.

À vrai dire, personne d'autre que vous ne sait ce qui peut vous rendre heureux. Les dons laissent des indices un peu partout ; il faut juste apprendre à les repérer. Une fois que vous saurez comment les voir, vous pourrez comprendre leur code et accéder à votre inestimable potentiel.

Tout ce qu'il va vous falloir réunir pour suivre votre programme, c'est :

- un cahier,
- un crayon,
- du temps pour vous,
- un endroit paisible,
- de temps à autre, une connexion internet,
- et quelques petites choses supplémentaires, mais rien de sorcier à trouver...

Les exercices que vous allez faire ici sont enthousiasmants, surprenants. Certains vous sembleront très faciles, et d'autres peut-être moins. Ici, on ne vise pas la perfection, mais la *progression*. Ne baissez pas les bras si vous rencontrez une difficulté, bien au contraire, continuez d'avancer.

Il ne sera pas question de rater un exercice. La notion d'échec n'existe pas dans ce programme. (Et ne devrait jamais exister d'ailleurs : on expérimente, on apprend et on adapte ; on n'échoue pas.)

2. DEUX TYPES D'EXERCICES

Vous trouverez deux sortes d'exercices :

- **des exercices « intérieurs » :** c'est-à-dire des exercices de type introspectif que vous ferez en étant seul et par écrit ;

- **des exercices « extérieurs »** : ce sont des exercices « grandeur nature », que vous effectuerez au cœur de vos activités quotidiennes. Ils vous aideront, tout au long du programme, à vous reconnecter à ce qui vous fait vibrer.

Mais attention, ce n'est pas à la carte ! Je vous conseille vivement d'effectuer **les deux types d'exercices...**

Prenez le temps de bien répondre à chaque question, de bien réfléchir à chaque exercice. Parfois, on (moi la première) peut être tenté de se contenter de lire les exercices et de répondre vaguement et « dans sa tête » aux questions posées. Mais ce n'est pas suffisant. Pour que votre travail soit efficace, il est nécessaire que vous répondiez par écrit.

N'en faites pas trop à la fois. Laissez le temps aux informations de décanter. Ce programme a été conçu pour pouvoir être effectué en 12 semaines, mais il est essentiel de respecter votre propre rythme, et les contours de votre agenda. Prenez le temps dont vous avez besoin pour faire les exercices, et si cela doit vous demander plus de 12 semaines, ce n'est en rien problématique. L'important est de les effectuer au mieux, et de ne pas trop interrompre le programme (ce n'est pas formidable pour vous, par exemple, de laisser passer un mois entre deux chapitres).

Si vous bloquez sur un exercice, si un élément vous semble flou, faites une pause, vaquez à vos occupations et reprenez-le plus tard.

Il est prouvé que de nombreuses idées, prises de conscience, souvenirs, surviennent à des moments où l'on est en action, en mouvement, loin de son cahier (ce qui ne veut bien sûr pas dire qu'il faut éliminer ses feuilles et ses efforts de réflexion !).

Débranchez votre télévision, neutralisez votre portable, confiez vos enfants ; accordez-vous un peu de temps avec vous-même.

Vous n'avez qu'à vous asseoir, à tourner les pages et à suivre chaque semaine les étapes que j'ai conçues pour vous.

À la fin de chaque semaine, je vous engage à remplir un « Journal de Bord » : un court bilan, d'une dizaine de minutes, qui vous permettra de revenir sur les exercices que vous avez effectués pendant la semaine, d'explorer la manière dont vous les avez vécus, ce que vous avez découvert, ce qu'ils vous ont apporté. Les 5 questions seront les mêmes (et vous seront rappelées à la fin de chaque étape) :

- Qu'avez-vous ressenti ?
- Qu'avez-vous découvert ou redécouvert sur vous ?
- Avez-vous été surpris par quelque chose ?
- Qu'avez-vous appris ?
- De quoi avez-vous pris conscience ?

Vous pouvez consacrer un carnet particulier à ce Journal de bord.

Et si vous suivez bien les étapes chaque semaine, vous commencerez à vous reconnecter à vos rêves avant même d'avoir fini le programme.

3. LES RÈGLES DU JEU

Ne vous demandez pas « Comment faire »

On peut difficilement parler de réaliser ses rêves ou de trouver ses passions sans évoquer les aspects pratiques, logistiques, financiers. Et en même temps, rien ne tue plus vite un rêve que de s'inquiéter de la manière dont on va le mettre en œuvre.

Vous aurez tout le temps d'envisager, dans les dernières étapes du programme, la manière dont vous allez concrètement réaliser vos rêves et vos passions mais, pour l'instant, rendez-moi (et surtout, *rendez-vous)* un grand service :

- Ne vous préoccupez pas du « Comment » mais uniquement du « Quoi ». Sinon, vous risquez de condamner des rêves avant même qu'ils ne soient nés, et de court-circuiter votre avancée.
- Ne laissez pas votre « petit démon du doute » réduire à néant vos envies. À chaque fois qu'il se manifestera, faites-le taire sans scrupule.

Faites les exercices

Attention, voici une renversante vérité... :

> Les exercices ne marchent pas
> si vous ne les faites pas

Ça semble évident, mais c'est mieux de le rappeler. Certains exercices vous paraîtront étranges. Ils le sont. Et c'est justement pour ça qu'ils sont efficaces.

Ne cherchez pas à analyser précisément ce que je vous propose de faire

Le programme consiste essentiellement à retrouver le chemin de votre cœur et de votre intuition ; et pour ce faire, il est parfois salvateur de mettre sa réflexion au repos et de solliciter d'autres types de traitement de l'information.

Si le programme cherche à vous surprendre, c'est pour que votre « petit analyste intérieur » se taise, pour une fois... chuuut, petit analyste.

Pensez à prendre soin de vous

Dans les semaines qui viennent, vous allez solliciter et rencontrer des parties de vous-même auxquelles vous n'êtes pas habitué. Vous allez être amené à « fonctionner » différemment, à emprunter des chemins qui ne vous sont pas familiers. Vous allez avoir besoin de repos et d'attention. Soyez doux et indulgent avec vous-même, prenez soin de votre esprit et de votre corps.

4. VOUS ALLEZ VOYAGER DANS LE TEMPS...

Au cours de ce programme, vous allez retourner dans le passé, visiter votre présent et explorer votre futur, pour retrouver des indices de vos précieuses passions, de vos formidables dons, de vos valeurs, de vos besoins, et de vos rêves. Regardons un peu ce que l'on peut trouver dans chacune de ces temporalités.

Vous revisiterez votre Passé

Les rêves, les passions, les dons, laissent des indices un peu partout dans votre vie. Il suffit juste de savoir où les chercher. Et le passé est un de ces endroits riches en signes lumineux ; et plus particulièrement l'enfance, l'adolescence et les années précédant le passage à l'âge adulte.

Vous êtes né extraordinaire

Quand vous étiez enfant, vous saviez exactement ce que vous vouliez et ce que vous aimiez. Vous utilisiez librement vos dons, vous vous dirigiez tout naturellement vers ce qui vous passionnait.

Si vous avez des enfants ou si vous en êtes entouré, vous aurez probablement remarqué à quel point les petits ont cette frappante capacité de focaliser intégralement leur attention sur les choses qui les intéressent. Un jeu, un ami, un objet étrange, un gâteau...

Lorsque vous découvriez une activité qui vous intéressait, vous ne vous demandiez pas : « Tiens, mais est-ce que ça va m'être utile ? », ou « Qu'est-ce que ça va m'apporter exactement de faire ça ? », ou bien « Est-ce qu'on ne va pas mal me juger si je fais ça ? », ou encore « Est-ce que je vais pouvoir en tirer de l'argent ? ». Non, vous faisiez cette activité. Point. Pour l'unique raison que cette activité vous plaisait, que vous l'aimiez, que vous preniez du plaisir à la pratiquer.

Les Men In Black ne sont pas ceux que vous croyez

Vous souvenez-vous des deux personnages du film qui effacent, à l'aide d'un petit appareil, les souvenirs des personnes qui ont entrevu la vérité sur les phénomènes extraterrestres ? Eh bien, c'est un peu le rôle qu'ont joué – sans en être vraiment conscients (enfin, je l'espère !) – nos parents, nos enseignants et les autres adultes qui nous ont entourés durant notre jeunesse.

Ils nous ont méticuleusement appris à réfléchir « correctement », à nous comporter « comme il se doit », à faire des choses « utiles » (par exemple, parler à un ami imaginaire ou se maquiller avec de la boue ne sont pas des choses correctes ni utiles...), à apprendre des choses « intelligentes », à faire des activités qui « comptent vraiment » (rêvasser par exemple, c'est contre-productif et ça n'a pas beaucoup d'importance. Connaître par cœur tous les affluents de la Loire, en revanche, c'est essentiel).

Vous avez peut-être été réprimandé quand vous avez voulu parler de votre incroyable cabane en bois à votre voisin de table, mais aussi quand vous avez dansé le Moonwalk au lieu d'apprendre la date de couronnement de Napoléon III. Et également quand vous avez dessiné cet incroyable monstre à deux têtes (celui avec les écailles en titane) sur le tableau pendant la récréation. En revanche, vous avez été récompensé quand vous avez rendu une dictée sans faute, quand vous avez été assez fort pour ne pas pleurer après une chute ou lorsque vous avez réussi à tracer ce parallélépipède-rectangle parfait.

Et petit à petit, ce que vous aimiez, ce qui vous tenait vraiment à cœur, ce qui vous enthousiasmait, s'est éloigné de votre champ de conscience. Petit à petit, durant votre enfance, les Men In Black ont effacé votre mémoire ; pendant votre adolescence, le formatage s'est poursuivi.

Et la catastrophe, la vraie, s'est probablement produite plus tard, lorsque vous avez dû choisir une orientation professionnelle, lorsque vous avez dû suivre la formation sélectionnée, puis trouver du travail rapidement pour gagner votre vie.

Là, la mémoire de votre Moi Extraordinaire s'est peut-être carrément autodétruite. Enfin, c'est ce qui était prévu...

L'Effaceur de Mémoire des Men In Black n'était qu'une pâle copie de l'original

La bonne, l'excellente nouvelle, c'est qu'ils n'ont pas réussi leur coup. Les Men In Black de votre jeunesse n'ont réussi à induire en vous qu'une amnésie partielle. Ils croyaient vous rendre raisonnable, poli et formaté. Mais non, leur appareil était défectueux ; ça leur apprendra à acheter des contrefaçons...

Vos rêves, vos passions, vos dons, sont toujours là. Ils vous attendent. Ils sont intacts. Il va juste falloir faire un petit effort pour sonder votre mémoire et réveiller vos souvenirs endormis.

Vous explorerez votre Présent

Le présent est un autre de ces lieux riches en signes révélateurs de vos envies profondes et de vos dons précieux. Cette temporalité regorge de trésors.

Vous avez peut-être l'impression que votre vie actuelle manque de sens, d'intérêt ou de consistance. Et pourtant, vous avez tout autour de vous, dans votre environnement intérieur et extérieur, des fragments de rêves, de sources d'enthousiasme, de talents, qui pointent tous vers la même direction : celle de votre vocation, celle de votre place, celle de votre rôle.

Seulement, encore faut-il pouvoir les repérer. Nombre des exercices qui suivent ont été conçus pour vous servir de grille d'analyse de votre présent. Si vous les suivez bien, avec précision, vous devriez bientôt en savoir bien plus sur vous-même, avancer sur le chemin de la reconquête de vos passions, de vos rêves, de vos valeurs, de vos besoins.

Vous visualiserez votre futur

Explorer son futur est probablement la démarche la plus distrayante mais aussi la plus révélatrice. Ce sont généralement les exercices que mes clients préfèrent parce qu'ils font appel à leur imagination, à leurs capacités de visualisation et de projection.

Créez votre futur

Je ne suis pas de ceux qui pensent qu'il suffit de focaliser son attention sur un objectif pour que celui-ci se réalise, comme par magie. La visualisation créatrice ou la loi de l'attraction, dont vous avez sans doute entendu parler, sont des théories intéressantes, mais je demeure persuadée qu'elles doivent être accompagnées d'actions concrètes pour aboutir à un résultat.

Je ne crois donc pas que penser à quelque chose suffise pour que cette chose se produise. En revanche, je pense que, si l'on n'y pense pas, cela a vraiment peu de chance d'arriver. Voyez-vous la nuance ?

Pour qu'un objectif ait toutes les chances de se réaliser, il est essentiel d'y avoir pensé. Il faut en avoir eu l'idée, l'avoir identifié, l'avoir inscrit clairement dans son esprit.

C'est la raison pour laquelle il est si difficile de ne pas vraiment savoir ce que l'on veut. Parce que, quand notre destination n'est pas claire, notre chemin ne risque pas de l'être, et l'on peut statistiquement arriver... partout... et donc un peu nulle part.

Une condition essentielle pour créer un futur qui nous convienne vraiment, c'est donc de l'avoir d'abord imaginé.

Le seul fait de l'imaginer ne garantit pas qu'on l'atteigne parfaitement, mais si on ne le place pas sur notre écran-radar, alors on a toutes les chances de ne jamais s'en approcher.

J'aime beaucoup cette citation de Les Brown :

> « Visez la lune. Même si vous la ratez,
> vous atterrirez parmi les étoiles ».

C'est exactement ça. Et pour viser la lune, il faut d'abord la voir.

L'imagination : un incroyable outil

Le rêve est à la source de l'action. Encore faut-il s'autoriser à rêver, à prendre du temps pour imaginer son futur, à écouter et à respecter ses visions. Parfois, on rejette bien trop vite ses rêves en les qualifiant de « rêveries stériles ».

Les exercices de ce programme vont utiliser votre aptitude naturelle à rêver. Ils serviront de guides à vos visualisations, pour que vos idées gagnent en forme, en substance, en poids, en cohérence. Parce que des idées qui se cristallisent, c'est le début d'une concrétisation, d'une action, d'un changement réel.

Vous allez apprendre à tirer le meilleur de votre imagination, à vous en servir comme d'un outil formidable pour partir à votre rencontre, pour entendre ce qui est essentiel pour vous, et déterminer ce que vous voulez vraiment.

Prenez-vous au jeu

Peut-être n'avez-vous pas l'habitude d'utiliser vos capacités de visualisation et de projection. Mais vous allez voir que, si vous vous autorisez à imaginer, vous allez vraiment y prendre du plaisir.

Alors, pour apprécier au mieux les exercices qui vont suivre durant tout ce programme, abaissez les frontières du réel, ne ramenez pas votre esprit dans un réel terre-à-terre. Jouez le jeu, suivez les consignes.

Soyez comme les enfants ou les acteurs : Faites « comme si. ». C'était naturel chez vous quand vous étiez petit. Et si vous lâchez un peu prise, vous allez constater que ça peut revenir très vite !

5. BOOSTEZ VOTRE EXPÉRIENCE

Pour vous accompagner dans ce programme, j'ai créé pour vous, chèr(e)s lectrices et lecteurs, un espace dédié que vous pourrez retrouver sur le site www.faiscequilteplait.com.

Sur cet espace, vous pourrez :

- télécharger des outils bonus qui vous aideront à effectuer les exercices (ils vous seront signalés tout au long de ce livre par ce symbole :
- interagir et poser vos questions sur le programme (et nous vous y répondrons :-).

Venez nous retrouver, ne soyez pas timides, vous êtes les plus que bienvenus :-)

6. PARTEZ À LA CHASSE AUX TRÉSORS

Vous allez débuter très bientôt une captivante chasse aux trésors. La plus fascinante qui soit. Puisque qu'il va s'agir de partir à la recherche de **vos** propres trésors.

Cette chasse aux trésors va vous permettre de faire le point sur ce qui est essentiel pour vous, ce que vous pouvez apporter au monde, ce qui vous passionne. Vous allez retrouver des rêves que vous aviez peut-être oubliés depuis bien longtemps. Vous allez découvrir que vous êtes une personne unique et extraordinaire en mettant en lumière vos valeurs, vos talents, vos sources d'enthousiasmes, vos idéaux, vos espoirs, vos envies.

Vous allez découvrir des outils essentiels pour reconstituer votre puzzle. Le puzzle d'une vie que vous aimerez vivre. **Le puzzle de la vie faite pour vous.**

À partir de la dixième semaine, et munis de toutes les géniales ressources que vous aurez trouvées durant les neuf premières semaines, vous allez chercher (et trouver !) des idées d'activités professionnelles qui vous iront comme un gant. Mais ne grillez pas les étapes ! Chaque chose en son temps.

Gardez donc bien tous les exercices que vous allez effectuer, et sans perdre une seconde, c'est parti, on y va, *go go go* !

Semaine 1

C'EST L'HEURE DE SE RÉVEILLER !

Pas pour partir travailler, non ;
pour partir à la recherche de la vie
qui vous convient et pour rallumer
votre enthousiasme et votre envie de rêver...

UN PEU DE THÉORIE

Nos deux « cerveaux »

Vous avez probablement déjà entendu parler de nos deux hémisphères. Je vais vous rappeler brièvement leurs caractéristiques globales :

Le « **cerveau gauche** » est le centre de la pensée dite « convergente ». C'est-à-dire qu'il est sollicité pour analyser les informations, penser de façon logique et rationnelle, émettre des jugements, raisonner de façon mathématique. Il évalue les multiples idées et sélectionne les « meilleures » solutions à un problème donné en faisant converger les éléments retenus.

Il fonctionne selon des principes connus. Tout ce qui s'apparente à la nouveauté, à l'inconnu est perçu comme un risque et un danger potentiels.

Le « **cerveau droit** » est le centre de la pensée divergente. C'est-à-dire qu'il est le siège de l'imagination, de la visualisation, de l'intuition. Il fonctionne à partir d'éléments multi-sensoriels et suit un mode de pensée non rationnel, essentiellement basé sur les émotions. Il a la capacité de créer une multitude d'idées originales, diversifiées, et d'explorer le champ des possibles de manière spontanée, alternative et étonnante. Il relie des éléments très divers et disparates en fonctionnant par association d'idées. C'est lui qui génère de la nouveauté et de l'inédit.

Cela dit, les choses ne sont pas non plus si tranchées et les deux hémisphères sont tout à fait complémentaires. L'unilatéralité n'existe pas et le propos ici n'est pas de dire qu'un hémisphère est supérieur à l'autre, plus efficace ou plus performant.

Ce que certaines études scientifiques nous disent en revanche, c'est que pour réfléchir le plus efficacement possible, il faut réfléchir de manière créative. Et pour ce faire, il faut habilement combiner les performances de nos deux hémisphères – pour faire court, l'intuition (hémisphère droit) et la logique (hémisphère gauche). Or, dès le moment où l'on est scolarisé, la plupart des outils pédagogiques sollicitent majoritairement notre pensée convergente ; autrement dit, on nous apprend à utiliser massivement notre hémisphère gauche.

Le neuropsychologue David Lewis[1] développe bien ce constat :

---

1. David Lewis, *Mind Skills, Giving your child a brighter future*, Souvenir Press, 1987.

« En classe, [...] les problèmes que les élèves ont à résoudre demandent beaucoup plus souvent une approche logique qu'intuitive. [...] C'est une tâche de l'hémisphère gauche. Les travaux écrits [...] doivent être organisés, bien argumentés, et logiquement structurés... encore des aptitudes propres à l'hémisphère gauche. Les élèves considérés comme étant les plus intelligents et les plus doués sont ceux qui poursuivent les buts académiques, suivent les instructions, contrôlent leurs émotions, ne posent pas de questions trop perturbantes, sont ponctuels, lèvent la main, et rendent leurs devoirs à temps. Or toutes ces compétences sont des caractéristiques de l'hémisphère gauche. »

Et c'est comme ça que, très rapidement dans notre jeunesse, l'imagination laisse sa place à l'analyse.

Andrew et Mary Bragg illustrent ce point en présentant cette énigmatique forme noire :

À votre avis, si l'on demandait à des enfants de 4 ans ce qu'elle représente : que pensez-vous qu'ils répondraient ?

Ils diraient que c'est un œuf sur le plat, un nuage, un étang, un trou dans une tente, une île...

Et si l'on posait maintenant la même question à des adolescents de 14 ans ?

Eh bien, ils répondraient majoritairement que c'est... une tache noire.

Rallumez votre cerveau droit

Pourquoi est-ce que je vous parle de nos caractéristiques cérébrales ? Revenons à nos moutons :

Il se trouve que la sur-utilisation de notre hémisphère gauche (et donc, la sous-utilisation de notre hémisphère droit) peut se révéler tout à fait catastrophique.

Parce que, quand on perd partiellement l'usage de son cerveau droit, on perd l'accès fluide et aisé à son intuition et à son imagination. Et quand on perd cet accès, on perd l'accès à soi.

On perd de vue ce qui fait ce qu'on est, c'est-à-dire :

- ce qu'on aime vraiment,
- ce pour quoi on est doué,
- ce dont on a besoin,
- ce qui est essentiel pour nous.

Pour redécouvrir vos rêves, vos dons et vos passions, il va falloir détourner votre pensée logique et réapprendre à écouter votre cœur.

Les exercices de cette semaine vont vous permettre de commencer à vous reconnecter à votre cerveau sensoriel. Et durant toutes les semaines suivantes, vous aurez régulièrement d'autres exercices à faire pour poursuivre votre « reconnexion ».

Vous apprendrez à sortir un peu du tumulte de la vie quotidienne, au milieu duquel on n'entend plus rien, et surtout pas *soi*. Vous aborderez les choses sous un angle différent, ce qui vous permettra de capter *votre* voix.

Les mots, les pensées, les raisonnements logiques sont importants, mais pas suffisants. Et surtout pas pour découvrir qui vous êtes.

Vous allez petit à petit vous éloigner de la maîtrise et du contrôle, et vous approcher un peu du mystère, vous diriger progressivement vers ce qui vous attire et vous séduit ; pas vers ce qu'il est correct de faire. Vous allez nourrir votre Moi Authentique. Et ce faisant, vous allez progressivement le retrouver.

BEAUCOUP DE PRATIQUE

Exercices extérieurs

Développez votre ambidextrie (première partie)

L'hémisphère gauche contrôle la partie droite de notre corps ; l'hémisphère droit, la partie gauche. Plusieurs études rapportent que la coordination des deux côtés du corps favorise un fonctionnement plus harmonieux de notre cerveau.

Cette semaine, l'exercice consistera pendant 15 minutes chaque jour (quand ça vous arrange le plus, par exemple avant d'aller travailler ou pendant une pause) à vous servir de votre main qui n'est pas dominante (la main gauche si vous êtes droitier, la main droite si vous êtes gaucher) pour effectuer les tâches que vous avez à faire. Par exemple, vous coiffer, tenir vos couverts, porter un sac, vous brosser les dents... N'essayez pas d'écrire pour le moment, ça viendra plus tard.

Commencez votre « Recueil d'Euphorie »

Vous allez cette semaine débuter un Recueil d'Euphorie. Il vous faut d'abord choisir un support. Il doit vous plaire et vous donner envie de le remplir. Vous pouvez par exemple utiliser une chemise, un classeur, une boîte... Personnalisez-le (la), décorez-le (la). Ce sera un peu comme une boîte à secrets. Gardez ce Recueil d'Euphorie bien caché, comme un trésor...

L'objectif d'un Recueil d'Euphorie est de vous permettre de collecter des éléments concrets qui symbolisent des choses que vous aimeriez vivre, que vous voudriez voir arriver dans votre existence, dont la seule pensée déclenche du plaisir et de l'excitation.

Ces choses peuvent être des lieux, des métiers, des modes de vie, des activités, des situations, des personnes, des objets... : des choses qui vous donnent envie, qui vous enthousiasment, qui vous rendent joyeux, qui vous font vibrer ; qui créent chez vous ce frémissement bien particulier, ce petit feu intérieur, qui indiquent qu'un rêve ou qu'une source d'enthousiasme est tout près.

Cela peut être par exemple des photos de paysages qui vous inspirent, un article qui parle de bateaux, le portrait d'une famille qui sourit, le plan d'une ville où vous rêvez d'aller, un billet de train que vous trouvez par hasard et qui suscite chez vous l'envie de voyager, une feuille d'arbre que vous ramassez et qui symbolise la nature dont vous aimeriez vous rapprocher, l'image d'un homme qui gravit une montagne, le témoignage de quelqu'un dont la vie vous fait envie...

Durant toute la semaine, vous allez remplir ce Recueil. Ouvrez des magazines, découpez des photos, imprimez des choses sur Internet, photocopiez des images, des articles, des citations, dessinez...

> La seule règle est que tout ce que vous collectez doit vous enthousiasmer.

Exercice intérieur

Vous allez découvrir aujourd’hui un outil que vous aurez à utiliser dès cette semaine et tout au long du programme (et même après, si le cœur vous en dit).

Vos « Écritures Automatiques »

Tout le monde connaît le principe du journal intime qu’on utilise pour clarifier ses pensées, faire le point sur ses ressentis, déverser ses émotions. Julia Cameron a été l’une des premières à utiliser cet outil dans le cadre du développement de la créativité[1]. Les Écritures Automatiques sont une déclinaison de cet outil, dans la perspective de la recherche de sa voie. La consigne est la suivante :

Écrivez **une page par jour** (c’est un minimum), tous les jours, pendant toute la durée du programme. L’idéal est de rédiger cette page le matin.

Vous allez donner libre cours à vos pensées et les jeter sur le papier comme elles arrivent. Il n’est pas question ici de produire de la qualité mais plutôt de **nettoyer en profondeur votre esprit.** Ce que vous écrivez peut être empreint de colère, de lassitude, de doutes, ou encore... de rien. Ça n’a pas d’importance. La seule chose essentielle est de laisser votre main courir sur le papier et d’écrire tout ce qui vous passe par la tête. Écrivez *le plus spontanément possible, sans réfléchir, de manière quasi automatique.*

Exemple

« Pfff, je sais pas quoi écrire... dire que j’ai tellement d’autres choses à faire, je dois passer l’aspirateur, et finir un dossier, et dire qu’il faut que je sois prête pour la réunion de cet après-midi. J’aurais pas dû regarder la télé hier, ça

1. Julia Cameron, *Libérez votre créativité*, J’ai lu, 1995.

m'apprendra à ne pas être disciplinée, c'est pas comme ça que je changerai ma vie. Marie, elle au moins, elle a un boulot qui lui plaît maintenant... »

Prenez cet exercice pour ce qu'il est : un grand nettoyage de vos antennes qui vous permettra au fur et à mesure de capter ce que vous ne captez plus (ou pas assez) : Vous.

Parfois, vous écrirez des choses positives. Et parfois, vous exprimerez des sentiments négatifs. Ce sont ces pensées et émotions négatives qui bloquent l'accès à votre Moi Extraordinaire, à votre potentiel. C'est pour ça qu'il est très intéressant de les isoler et de les collecter.

Peut-être que certains d'entre vous seront sceptiques devant cet exercice. Et bien sachez alors que, vous plus que quiconque, avez justement besoin de faire vos Écritures Automatiques !

VOTRE JOURNAL DE BORD

Revisitez chaque exercice intérieur et extérieur, et répondez à ces 5 questions :

- Qu'avez-vous ressenti en faisant chacun des exercices ?
- Qu'avez-vous découvert ou redécouvert sur vous ?
- Avez-vous été surpris par quelque chose ?
- Qu'avez-vous appris ?
- De quoi avez-vous pris conscience ?

Vous pouvez aussi dépasser le cadre de ces questions et dresser votre propre bilan personnalisé.

Nous allons maintenant nous lancer
à la découverte de **vos** désirs.

Semaine 2

DANS LA PEAU DE QUI VIVEZ-VOUS, EXACTEMENT... ?

Pour vivre une vie qui vous plaît,
encore faut-il réussir à faire le tri
entre ce que **vous** *voulez vraiment*
et ce que les autres veulent pour vous...

UN PEU DE THÉORIE

> « Qui étiez-vous avant que le monde ne vous dise qui vous deviez être ? »

Un beau jour, vous êtes né...

... Et dans les heures qui ont suivi, quelqu'un s'est probablement écrié : « Oh, comme elle ressemble à son papa » ou bien, « On voit dans ses yeux qu'elle sera intelligente comme sa maman... », ou encore, « Il a déjà du caractère, c'est bien, on en a besoin dans la vie ».

Et là, c'était déjà fichu... Les projections, les attentes, les espoirs portés sur vous ont commencé à pleuvoir, à prendre forme puis progressivement, à prendre **racine** en vous. Puis il y a eu les divers professeurs, les autres membres de la famille, les amis... et beaucoup d'autres sources d'influence qui ont ponctué votre enfance, votre adolescence, et même, votre vie d'adulte.

Alors oui, bien sûr, il est tout à fait heureux et nécessaire que nous subissions des influences. C'est comme ça qu'on grandit, qu'on s'éveille à des mondes qu'on ne connaissait pas, qu'on découvre des choses dont on ne soupçonnait même pas l'existence, qu'on apprend à réfléchir. Donc l'influence des autres, c'est bien.

Mais cela peut être aussi absolument catastrophique, lorsque les messages qui nous sont envoyés de toute part envahissent tellement nos pensées et nos émotions qu'ils brouillent notre propre système radar.

Au secours, mon radar est en panne !

Que se passe-t-il quand notre radar, notre système d'orientation est faussé ?

On se **perd**... On perd de vue nos propres pensées, nos convictions, nos intuitions, nos envies, nos préférences, nos passions, nos besoins, nos rêves. Notre identité, pour résumer. Rien que ça...

Et si l'on n'y prend pas garde, on peut très facilement se laisser porter par un courant qui n'est pas le nôtre, par des désirs qui ne sont pas les nôtres, dans des directions et dans une vie qui ne sont pas les nôtres.

On se conforme, on veut faire plaisir, on veut être accepté et aimé. Parfois (souvent ?), on se coule inconsciemment dans ce qu'on pense que nos proches (souvent nos parents) apprécieraient (ou auraient apprécié).

Petite pause : comprenons-nous bien, l'objectif de ce programme n'est pas de vous affranchir de vos influences familiales. Nous ne sommes pas dans un stage d'affirmation de soi. Rassurez-vous, je ne vous demanderai pas de vous regarder dans une glace en répétant « Je suis autonome, mes désirs m'appartiennent, je suis désormais un adulte à part entière, je contrôle ma viiie... ».

Je ne vous demanderai pas non plus de hurler « JE BRISE MES CHAÎNES ! ! » ou de « JE COUPE ENFIN CE ##§µ* DE CORDON ! ! » en vous jetant avec fureur contre un mur capitonné. Non. Pour les séances de psychodrame, c'est l'autre porte.

Trouver sa voie, c'est d'abord retrouver sa VOIX

En revanche, une chose est sûre : tant que vos décisions et vos actions seront régies par les attentes de vos proches, vous ne vivrez pas **votre** vie. Parfois, ces attentes correspondent aux nôtres. Et tant mieux. Mais souvent, ce n'est pas le cas.

Trouver sa voie, c'est d'abord retrouver sa **voix.** Et pour retrouver sa voix, il faut savoir la différencier de celles des autres.

La redécouverte de son propre chemin peut commencer quand on parvient à distinguer les pensées, les émotions, les désirs qui nous appartiennent et ceux qui ne sont pas à nous.

Ce n'est pas toujours évident, rien n'est blanc ou noir, mais faire un bref retour dans le passé devrait vous permettre d'y voir un peu plus clair...

Cette semaine, vous allez avoir du pain sur la planche. Retroussez vos manches, et c'est parti, on y va ! Hauts les cœurs !

BEAUCOUP DE PRATIQUE

Exercices extérieurs

Développez votre ambidextrie (deuxième partie)

Cette semaine, vous allez continuer à vous servir de votre main non dominante pour effectuer des tâches courantes (il ne faut pas s'arrêter en si bon chemin !), mais en plus, vous allez commencer à vous entraîner à l'écriture. Pour l'instant, contentez-vous de reproduire l'alphabet 2 ou 3 fois par jour. Comme la semaine dernière, 15 minutes à consacrer à votre ambidextrie est une bonne durée.

Continuez votre « Recueil d'Euphorie »

Vous allez poursuivre votre Recueil d'Euphorie. Souvenez-vous, il faut que vous récoltiez des éléments concrets qui symbolisent des choses que vous aimeriez vivre. Et il faut que ces éléments créent en vous une douce euphorie, une flamme intérieure, ce petit frisson de plaisir caractéristique de la présence d'une passion ou d'un rêve.

Tout ce que vous collectez doit vous enthousiasmer.

La musique adoucit les mœurs...

Cet exercice s'inscrit dans le processus de reconquête de vos désirs et de réveil de vos rêves. Laissez-vous porter...

J'aimerais cette semaine que vous réécoutiez une ou plusieurs musiques que vous aimiez beaucoup mais que vous n'avez pas écoutées depuis (trèèèès) longtemps.

Et sentez simplement ce qui se passe en vous...

Exercices intérieurs

Vos « Écritures Automatiques »

Ça va devenir une habitude au fil des semaines, mais pour l'instant, je vous rappelle encore les éléments importants :

- Écrivez **une page par jour** au minimum tous les jours, l'idéal étant de rédiger cette page le matin.
- Et souvenez-vous : écrivez le plus spontanément possible, sans réfléchir, de manière quasi automatique.

Le Retour aux Sources

L'objectif de cet exercice est de vous permettre de répondre à la question : **« Qu'est-ce qu'on attendait (attend) de moi ? ».**

Il est constitué de trois parties. La première est adaptée d'un exercice de Barbara Sher[1].

Première partie – Vous allez procéder comme suit :

- Faites la liste de toutes les personnes qui ont eu (ou/et ont toujours) de l'influence (positive ou négative) sur vous : vos parents, vos frères et sœurs, certains professeurs, des parrains, marraines, grands-parents, amis de la famille, copains, amis, relations amoureuses, mari, femme...
- Pour chacune de ces personnes, déterminez ce qu'il/elle attendait de vous, espérait pour vous, voyait en vous (ou attend/espère/voit en vous)...

1. Barbara Sher, *I could do anything if I only knew what it was*, DTP, 1994.

Exemple

– *Mon père :* il voulait que je sois fort, courageux et patriote et que je devienne pilote de chasse dans l'armée.
– *Ma mère :* elle voulait que je sois quelqu'un de respectable, que je me marie rapidement et que je fonde une famille.
– *Mon oncle :* il voulait que je devienne notaire comme lui, et que je reprenne son étude.
– *Mon professeur d'anglais :* il voulait que je devienne traducteur dans une ambassade.
– *Mon mari :* il veut que je garde mon travail actuel et que je ne reprenne pas d'études...

Deuxième partie – Vous allez explorer et mettre en évidence les messages, les injonctions, les valeurs qui étaient véhiculés, clairement ou plus implicitement, dans votre famille, concernant la réalisation de soi, la façon de construire sa vie. Avec quelles différentes attitudes et positions face aux rêves, aux passions, à la vocation, à la vie professionnelle, aux choix d'orientation... avez-vous grandi ?

Exemples

– « On ne fait pas ce qu'on veut dans la vie. »
– « Il faut faire le plus d'études possibles pour réussir. »
– « L'important, c'est de trouver une situation qui permette une sécurité matérielle. »
– « Il faut que tu marches sur les pas de ton père. »
– « Si on n'est pas le premier, on n'est rien. »
– « Il faut se battre, la concurrence est dure. »
– « Il n'y a pas de place pour les faibles. »
– « On ne peut pas tout avoir, il faut s'estimer heureux de ce qu'on a. »...

Troisième partie – Pour approfondir encore un peu votre retour aux sources, tentez de répondre à cette question :

- Y a-t-il, selon vous, des insatisfactions dans les vies de vos parents (des choses qu'ils regrettent, qu'ils n'ont pas pu faire) qui ont influencé certains de vos choix de vie ?
- Si oui, de quelle(s) manière(s) ?

Vous allez probablement vous rendre compte que les messages et les attentes qu'on vous a transmis peuvent être absolument contradictoires, paradoxaux et incompatibles.

Exemple

Votre père pouvait attendre de vous que vous trouviez un emploi stable le plus rapidement possible. Mais votre mère, qui n'avait pas pu faire d'études elle-même, aurait aimé que vous deveniez médecin. Et votre tante, qui s'était mariée trop jeune et avait dû interrompre ses cours de théâtre, aurait vraiment aimé que vous repreniez son flambeau. Quant à votre professeur de mathématiques de Terminale, il vous trouvait brillant et vous aurait bien vu intégrer une grande école...

La Grande Frise de votre vie

Vous vous souvenez des frises chronologiques que vous deviez apprendre par cœur en cours d'Histoire ? Eh bien, cette fois, c'est vous qui allez la tracer. Vous allez voir, c'est nettement moins soporifique. Le but de cet exercice est de recenser tous les évènements importants de votre vie, tous les points forts, personnels ou professionnels, heureux ou malheureux, qui ont jalonné votre existence.

Voici comment vous y prendre :

- Utilisez une feuille A4 dans le sens de la longueur.
- Tracez une ligne horizontale.

- Graduez-la régulièrement de 0 (votre naissance) à votre âge actuel, tous les 5 ans, en laissant au moins 2 cm d'intervalle entre deux graduations.
- Puis, avec des flèches, inscrivez sur cette frise tous les évènements personnels ou professionnels qui ont marqué votre vie.

Exemple

« 5 ans : déménagement à Paris / 7 ans : cours de danse / 8 ans : premier amour/ 14 ans : spectacle devant une foule de parents d'élèves / 16 ans : Première littéraire / 17 ans : bénévolat pour l'association ...... / 18 ans : départ de chez mes parents / 19 ans : école préparatoire...... / 25 ans : premier vrai emploi chez ...... / 27 ans : naissance de mon fils, 35 ans : deuxième emploi chez ...... »

Je ne continue pas plus loin, vous avez compris le principe.

Vivez-vous VOTRE vie ?

Maintenant, nous allons croiser les deux précédents exercices.

Vous avez, d'une part, mis en lumière ce que vos proches attendaient de vous et, d'autre part, clairement retrouvé et identifié tous les moments importants de votre vie.

À la lumière des messages et des attentes, exprimés ou inconscients, qui vous ont été transmis par votre famille et par les personnes marquantes de votre vie, essayez de déterminer à quels moments, dans quelles circonstances, pour quels évènements, vos actions ont été influencées par ces messages et ces attentes.

Efforcez-vous d'être le plus précis possible, d'écrire le plus de détails possibles, d'expliciter pour vous-même vos propos.

Votre Journal de bord

Revisitez chaque exercice intérieur et extérieur, et répondez à ces 5 questions :

- Qu'avez-vous ressenti en faisant chacun des exercices ?
- Qu'avez-vous découvert ou redécouvert sur vous ?
- Avez-vous été surpris par quelque chose ?
- Qu'avez-vous appris ?
- De quoi avez-vous pris conscience ?

Vous pouvez aussi dépasser le cadre de ces questions et dresser votre propre bilan personnalisé.

La semaine prochaine, nous allons réhabiliter la plainte, les lamentations, les râleries. Tout un programme...

Semaine 3

LA COMPLAINTE DU RÊVEUR

Il peut être difficile de savoir ce qu'on veut faire de sa vie. En revanche, il y a quelque chose que l'on sait tous : on sait ce qu'on ne veut pas...

UN PEU DE THÉORIE

« Arrête de te plaindre ! »

La plainte est un phénomène naturel très sain qui nous est pourtant culturellement interdit. Nous ne sommes pas supposés sangloter sur nos existences. Non, nous sommes supposés supporter en silence nos insatisfactions, faire face avec courage et dignité au poids de nos vies quotidiennes, résoudre nos problèmes seuls et sans protestation. On nous a appris à ne pas pleurnicher, à être forts, à réprimer nos émotions négatives, à être de braves petits soldats.

C'est presque une sorte de politesse de ne pas se plaindre. Une élégance.

Mais la plainte est bonne pour vous. Il y a de nombreuses occasions où vous pouvez en avoir besoin. Geindre, pleurer, crier, trépigner, c'est bon pour la santé (parfois, en tous cas, et vous allez voir comment).

Aussi, avant de partir activement à la recherche de vos sources d'enthousiasme, dès la semaine prochaine, nous allons faire un petit état des lieux de ce qui ne va pas.

Souvent, on sent que ça ne va pas, mais sans forcément identifier clairement et précisément ce qui ne va pas, parce qu'il peut être douloureux de détailler les éléments de notre mal-être. On évite donc de trop y penser ou, si on y pense, on essaie presque instantanément de rationaliser les évènements, puis d'oublier.

Mais tenter de rationaliser une détresse, une émotion, une souffrance, une insatisfaction, c'est un peu comme lancer un boomerang. Oui. Il s'éloigne et la souffrance aussi, mais à un moment ou à un autre, le boomerang revient. Sans qu'on l'ait forcément vu venir et sous une forme à laquelle on n'aurait peut-être pas pensé. Par exemple, un mal de gorge ou de dos qui perdure, des insomnies, une fatigue intense, une perte d'appétit, un manque d'intérêt pour les choses courantes, de l'irritabilité...

Et finalement, ce qu'on souhaitait oublier ou ignorer s'enracine en nous bien plus profondément et pour bien plus longtemps.

Or, ce n'est qu'en laissant enfin la place nécessaire aux sentiments et aux pensées négatives que vous serez prêt à envisager votre avenir de façon créative, à résoudre positivement vos problèmes, à développer votre potentiel inexploité.

Cela va dans la même direction que les Écritures Automatiques ; celle d'un grand nettoyage qui permet de mettre de l'ordre, et de faire de la place pour ce qu'il y a de meilleur en vous.

La plainte est une voie royale pour se rapprocher de cette petite voix intérieure qui détient les clés de vos rêves et de vos désirs.

Les vertus de la plainte

L'intérêt de dire précisément ce dont vous ne voulez plus, ce que vous n'aimez pas, ce qui ne vous convient pas, c'est que cela donne un temps de parole à une partie de vous que vous nommez négative et que vous ne laissez habituellement jamais parler vraiment. Vous la laissez pleurnicher, de temps en temps, mais vous ne l'écoutez vraiment que très rarement. Eh bien, c'est le moment.

Laissez-lui tout le temps qu'il faut pour qu'elle s'exprime pleinement.

Les effets peuvent être saisissants :

- Physiquement, vous vous sentirez probablement allégé.
- Vous libérerez de l'énergie et de l'espace psychique pour des choses qui en valent la peine.
- Vous aurez les idées plus claires sur votre situation présente.
- Cela augmentera votre motivation à changer parce que de la négativité bien utilisée, c'est de l'énergie pure pour transformer votre vie.

Vous passerez probablement par les trois stades suivants au cours des exercices :

1. Vous pourrez vous sentir déprimé, triste, anxieux, en colère.
2. Au fur et à mesure, les tensions négatives diminueront, les angoisses se calmeront, et votre esprit aussi.
3. Débarrassé de cette pression et de ces émotions souvent confuses et envahissantes, vous pourrez **penser et ressentir** de façon plus claire. Votre raisonnement sera meilleur et votre intuition plus présente (et vos deux cerveaux vous remercieront chaleureusement).

Mais comprenons-nous bien, je ne suis pas en train de dire qu'il est bon de maugréer toute la journée, de râler continuellement pour tout et pour rien. C'est stérile, toxique et contre-productif.

Pour révéler son potentiel, la plainte doit être conscientisée et encadrée.

C'est ce que les exercices de cette semaine vont vous permettre de faire.

BEAUCOUP DE PRATIQUE

Exercices extérieurs

Développez votre ambidextrie (troisième partie)

Comme les semaines précédentes, vous allez continuer à consacrer 15 minutes par jour au développement de votre ambidextrie. Il est d'ailleurs possible que, après deux semaines d'entraînement, vous dépassiez déjà le cadre de cette durée et que vous utilisiez votre main non dominante spontanément, pour certaines tâches, à d'autres moments de la journée. Si c'est le cas, c'est très bien ! Et sinon, ce n'est pas grave du tout, ça viendra plus tard.

Après vous être entraîné à reproduire l'alphabet la semaine dernière, vous allez pouvoir passer à un autre exercice : **vous allez tenter d'écrire des deux mains.** Vous verrez, c'est moins compliqué qu'il n'y paraît !

Il vous suffit de prendre un stylo dans chaque main, de placer vos mains sur une feuille, l'une à côté de l'autre et espacées d'environ 15 centimètres. Il vous sera plus facile d'orienter la feuille dans le sens de la longueur. Vous allez recopier des formes ou des phrases avec vos deux mains, de manière simultanée. En fait, contentez-vous de vous concentrer sur votre main dominante et laissez écrire naturellement votre main non dominante, sans vous préoccuper du résultat. Veillez simplement à ce que vos deux mains écrivent de gauche à droite (et pas que l'une reproduise en miroir ce que fait l'autre).

Ce sera peut-être un peu difficile dans un premier temps, mais justement, c'est le but de l'exercice que de rendre fluides des mouvements qui ne le sont pas initialement.

Pour ce faire :

- Commencez la séance de 15 minutes en recopiant des formes géométriques : ronds, triangles, carrés, rectangles, losanges.
- Puis, entraînez-vous à recopier quelques lignes d'un article de journal ou de magazine (il est préférable de varier les extraits de texte chaque jour).

Continuez votre « Recueil d'Euphorie »

Vous allez commencer à connaître la consigne :

Récoltez tous les éléments qui croisent votre route et qui symbolisent pour vous des choses que vous aimeriez vivre, des situations qui vous enthousiasment, des rencontres que vous aimeriez faire...

Réveillez votre sens de l'aventure

Pour se reconnecter à ce que l'on est, il est nécessaire de pouvoir parfois s'éloigner des habitudes, des multiples conditionnements qui jalonnent notre quotidien, des routines de pensées, d'actes et d'émotions qui endorment notre créativité et réduisent notre champ des possibles.

C'est pourquoi il est important de sortir des sentiers battus, d'adopter des formes de pensée alternatives, d'utiliser des facettes de nous-mêmes et de notre existence qui sont habituellement assoupies, de réintégrer dans nos existences la surprise et la fantaisie.

Tout le programme est construit autour de ces objectifs. Et cet exercice s'inscrit naturellement dans ce processus de reconnexion.

En revenant du travail ou pendant vos loisirs, **prenez un métro, un bus, et descendez à un arrêt que vous ne connaissez pas.** N'importe lequel ; ou plus précisément, celui qui vous attire naturellement. Puis promenez-vous. Flânez, regardez les gens, achetez une gaufre, asseyez-vous sur un banc, rentrez dans une boutique, décidez de tourner à gauche, lisez le nom des rues... Appréciez cette sensation d'être entre parenthèses, de vivre un moment unique et étrange où tout peut se produire. Goûtez au simple et merveilleux plaisir d'être pleinement conscient de votre liberté de choix et d'action. Durée de l'exercice : entre 1 heure et 4 heures.

Et ramenez un souvenir, un objet ou une photo qui symbolise votre aventure. Puis glissez-le dans votre Recueil d'Euphorie...

Exercices intérieurs

Vos « Écritures Automatiques »

Comme pour le Recueil d'Euphorie, vous commencez à connaître les consignes par cœur :

Il vous faut écrire le plus spontanément possible **une page par jour** au minimum tous les jours, l'idéal étant de rédiger cette page le matin.

Dessinez ce qui ne va pas

Dans un premier temps, je ne vous demanderai pas de décrire avec des mots ce qui ne fonctionne pas dans votre vie. Une fois de plus, nous allons commencer par détourner la pensée logique et le raisonnement pour privilégier votre cerveau droit qui est plus en mesure de vous donner des réponses authentiques, en vous connectant à vos émotions et à vos ressentis.

Donc, en premier lieu, **vous allez dessiner ce qui ne va pas dans votre vie.** Ce dont vous ne voulez plus, ce que vous voulez voir disparaître, ou tout du moins changer.

Alors là, je vous entends déjà me dire : « Mais je ne sais pas dessiner et de toute façon, dessiner ça, c'est vraiment trop compliqué ! ! ! »

Bien. J'entends. Mais je ne suis pas d'accord. Vous n'avez besoin d'aucun talent artistique particulier pour faire cet exercice. Tout ce que je vous demande, c'est de prendre du temps pour vous, dans un lieu où l'on ne vous dérangera pas, d'orienter une feuille blanche (un format A3 serait parfait ; A4 pourra au pire faire l'affaire) dans le sens de la longueur, de vous munir de crayons de couleurs, et de dessiner – même sous forme de symboles – ce que vous estimez qui ne fonctionne pas dans votre vie, ce qui vous rend triste, amer, ce qui vous épuise, ce qui vous insatisfait, ce qui vous emprisonne, ce qui vous met en colère, ce qui vous fait vous sentir trop... ou pas assez..., ce qui ne peut plus durer, ce dont vous avez **vraiment RAS-LE-BOL.**

Laissez parler votre créativité, et si vous avez l'impression que rien ne vient dans un premier temps, essayez d'esquisser « n'importe quoi », même si ce n'est, a priori, pas en rapport direct avec notre sujet. En un mot, commencez à dessiner puis, petit à petit, laissez votre main et votre cœur illustrer des sentiments qui vous pèsent, des situations dont vous ne voulez plus. Symbolisez, à votre manière, ce qui vous laisse insatisfait dans votre existence.

La Mini-Dépression

Maintenant, nous allons passer à un exercice intermédiaire, qui lie les facultés de l'hémisphère droit et celles de l'hémisphère gauche.

Le but de cet exercice est de compléter le plus spontanément possible les débuts de phrases qui vont suivre.

Recopiez le début de phrase et complétez-la le plus spontanément possible, de façon quasiment automatique. Ne réfléchissez pas, n'analysez pas. Vous n'êtes pas obligé de répondre longuement et en détail, écrivez simplement ce qui vient.

Et laissez-vous aller. Autorisez-vous à être en colère, à être grossier, à en faire des tonnes, à vous répandre. Vous pouvez même crier et sangloter en écrivant.

C'est une mini-dépression, ne l'oubliez pas. Profitez-en !

Voici les phrases :

- J'en ai vraiment marre de...
- Je n'en peux vraiment plus de...
- Je ne veux plus jamais...
- Je me sens vraiment...
- Ma vie est vraiment trop...
- Ma vie n'est vraiment pas assez...

Un peu de réflexion...

C'est désormais le moment d'utiliser notre bon vieux « cerveau » gauche. Maintenant que vous avez fait ressortir ce qui alourdit votre cœur, que vous avez fait émerger vos émotions et vos ressentis spontanés, vous allez pouvoir préciser votre pensée et développer par écrit les éléments de votre vie qui ne vous conviennent pas...

Vous pouvez vous servir des questions suivantes pour guider votre réflexion.

Concernant le dessin

- Qu'est-ce que vous évoque votre dessin ?
- Êtes-vous surpris par des éléments de ce dessin ?
- Quels sont les domaines de votre vie dont parle votre dessin (professionnel, familial, social...) ?
- Si vous vous êtes représenté, quelle est la taille de votre personnage ? Et celle des autres ? En déduisez-vous quelque chose ?
- Quelles couleurs avez-vous utilisées ? Pourquoi ces couleurs ?
- Trouvez-vous que votre dessin soit complet ? Ou avez-vous l'impression d'avoir oublié quelque chose ? Si oui, qu'avez-vous oublié de représenter ?

Concernant votre Mini-Dépression

- Qu'est-ce qui ressort des phrases que vous avez complétées ?
- Est-ce qu'elles parlent des mêmes domaines de vie que ceux évoqués dans le dessin ?
- Quels sont les sentiments qui ont accompagné ces écritures ? De la colère, de la tristesse, de l'amertume, autre chose, ou tout à la fois ?

Un petit bilan

Vous allez maintenant synthétiser clairement ce dont vous ne voulez plus dans votre vie en énumérant les éléments insatisfaisants dans chacun des domaines suivants :

- Domaine personnel (développement physique, psychologique, intellectuel, spirituel...).

- Domaine professionnel.
- Domaine familial (couple, enfants, famille élargie).
- Domaine social (relations amicales, engagements associatifs, communautés...).
- Domaine financier.
- Domaine des loisirs (projets divers, activités, voyages, sorties...).
- Autre.

VOTRE JOURNAL DE BORD

Revisitez chaque exercice intérieur et extérieur, et répondez à ces 5 questions :

➢ Qu'avez-vous ressenti en faisant chacun des exercices ?
➢ Qu'avez-vous découvert ou redécouvert sur vous ?
➢ Avez-vous été surpris par quelque chose ?
➢ Qu'avez-vous appris ?
➢ De quoi avez-vous pris conscience ?

Vous pouvez aussi dépasser le cadre de ces questions et dresser votre propre bilan personnalisé.

La semaine prochaine, préparez-vous à vous lancer dans une chasse aux trésors très singulière...

Semaine 4

VOS SOURCES D'ENTHOUSIASME

Comment vous reconnecter à ce que vous aimez vraiment

UN PEU DE THÉORIE

Cette semaine, nous allons partir à la recherche de vos sources d'enthousiasme. Vous le verrez, j'emploierai indifféremment les termes « sources d'enthousiasme », « passions », « élans », « sources d'énergie », mais j'aime ce terme « sources d'enthousiasme », parce qu'il peut être moins impressionnant que le mot « passions ». Nombre de mes clients me disent que ce mot leur fait un peu peur, parce que ce terme signifie pour eux des activités ou centres d'intérêt obsédants, engloutissants, obnubilants, brefs, des intérêts d'une telle intensité qu'ils ne s'y retrouvent pas et ne savent pas quoi répondre. Donc, employons plutôt ici le terme « sources d'enthousiasme », c'est-à-dire les activités ou les centres d'intérêt qui génèrent de la joie, que l'on fait avec grand plaisir, voire que l'on adore faire, qui nous rendent vivants, qui nous stimulent et nous rendent heureux.

Notre potentiel siège dans ce qu'on aime

Vous souvenez-vous de ce que je vous ai dit en introduction, et que j'ai promis de vous rappeler ? **Notre potentiel siège dans ce qu'on aime.** Je voudrais cette semaine approfondir un peu cette affirmation.

Je crois profondément que notre « mission » sur terre (ou *nos* missions) – et ce terme n'a pour moi aucune connotation religieuse –, ce pour quoi nous sommes faits, ce qui a le pouvoir de donner un sens à notre vie, réside dans nos sources d'enthousiasme, dans ce qui fait battre notre cœur un peu plus vite. C'est pour cette raison qu'on ne peut pas trouver le métier idéal (et encore moins la vie idéale) en examinant nos compétences.

Le but n'est pas de découvrir ce que vous pourriez faire, ce que vous êtes capable de faire, mais plutôt ce que vous voulez vraiment faire, parce que ce n'est qu'en faisant ce que vous aimez faire que vous pourrez donner le meilleur de vous-même ; c'est de cette manière que vous apporterez votre plus grande contribution au monde. Pas en faisant quelque chose pour lequel vous êtes correctement bon, qui vous rapporte un salaire correct et vous fait vivre une vie correcte. C'est en suivant ce qui vous enthousiasme que vous trouverez votre place dans le monde.

De l'importance de chercher nos sources d'enthousiasme

Trouver ce qui nous anime, ce qui nous fait vibrer, et les (ré)intégrer dans notre vie, constitue la condition *sine qua non* pour vivre une vie fun et épanouissante.

C'est ce qui va faire que vous allez avoir envie de bondir du lit le matin – la plupart du temps, en tout cas – , que vous allez être plus souvent de bonne humeur, que vous allez avoir plein de projets en tête, booster votre système immunitaire, et être en meilleure santé, en produisant tout un tas d'hormones miraculeuses qui vont non seulement vous rendre joyeux, mais aussi faire baisser votre niveau de stress et vous aider ainsi à vous sentir plus dynamique, à prendre soin de vos cellules, et même à vous rendre plus beau (adieu les rides du lion !)

Vous allez aussi être un meilleur conjoint, un meilleur parent, un meilleur collègue, une meilleure amie, et même un meilleur gendre...

Bref, en gros, tout le monde gagne (et vous en premier) à ce que vous fassiez des choses que vous aimez vraiment faire.

C'est également en travaillant dans vos zones d'enthousiasme que vous allez être le plus performant, le plus créatif, le plus entreprenant, le plus motivé, et le plus persévérant. Vous serez un meilleur leader, un meilleur collaborateur, une meilleure entrepreneuse.

Faire ce que vous aimez est, comprenez-le bien, une affaire de santé et d'utilité tant individuelle que publique.

Comment allez-vous trouver vos sources d'enthousiasme ?

Oui, comment ? Essentiellement en vous posant les bonnes questions. Et c'est ce que vous allez commencer à faire dans 2 minutes. Vous allez revisiter votre passé, scanner votre présent, et explorer votre futur, et vous retrouver très prochainement avec une liste de sources d'enthousiasme sur-mesure.

Pensez à bien développer vos réponses, parce que le meilleur apparaît lorsque l'on va au fond des choses. Et c'est là que l'écriture déploie toute sa magie : en nous permettant de creuser, et d'aller au-delà des réponses automatiques que l'on aurait tendance à donner à l'oral.

Les exercices extérieurs vous aideront également à remettre la main sur des intérêts qui vous étaient peut-être sortis de la tête.

Sans plus attendre, place à vos sources d'enthousiasmes...

Ah, non, juste une petite précision : cette semaine est sans doute l'une des plus denses du programmes (vous y trouverez beaucoup d'exercices !). Vous pouvez faire ces exercices en 7 jours, mais si vous sentez que vous avez besoin de prendre deux semaines, faites-le !

BEAUCOUP DE PRATIQUE

Exercices intérieurs

Vos « Écritures Automatiques »

La consigne va être quelque peu modifiée cette semaine. Vous allez commencer à utiliser les pouvoirs de votre ambidextrie...

Dans les jours qui viennent, au lieu de rédiger une page exclusivement et naturellement avec votre main dominante, vous allez aussi vous servir de votre main non dominante ; parce que ce que vous allez écrire avec cette main risque d'être différent. En fait, c'est un peu pour ça aussi que je vous ai fait développer votre ambidextrie...

Pour que vous puissiez réfléchir, ressentir, vous souvenir... différemment. Il est tout à fait possible que le fait d'utiliser votre main opposée vous connecte à d'autres pensées, émotions, sensations.

Vous allez, comme les semaines précédentes, rédiger au moins une page par jour, mais cette fois, vous tenterez d'en écrire la moitié avec votre main non dominante.

Cela vous semblera peut-être compliqué, mais cet exercice peut donner des résultats intéressants. Et puis, normalement, si vous vous êtes entraîné avec assiduité, vous devriez plutôt bien vous débrouiller !

Cure de Jouvence

- **Votre enfance**

Pour répondre aux questions qui vont suivre, vous allez devoir laisser votre esprit et votre cœur vagabonder et s'immerger dans vos souvenirs. Plongez avec curiosité dans votre enfance. Nous n'allons y chercher que des souvenirs joyeux !

Il est important que vous écriviez le plus possible, et le plus précisément possible. C'est en développant que les trésors émergent...

Et petite précision : il se peut que vous souhaitiez donner des réponses similaires à certaines questions. Cela ne pose aucun problème ; l'important est que vous répondiez.

1. Qu'est-ce que vous aimiez faire durant vos temps libres ? Qu'est-ce qui vous rendait joyeux ?
2. À quel(s) type(s) de jeux aimiez-vous jouer ? Quels étaient vos jeux/jouets favoris ? Qu'est-ce qui vous plaisait tant dans ces jeux ?
3. Que faisiez-vous naturellement, facilement, et avec une forme de « succès » et de satisfaction ?
4. Quand on vous demandait ce que vous vouliez faire plus tard, que répondiez-vous ? Recensez tous les métiers que vous vouliez faire et analysez ce qui vous plaisait

vraiment dans ces métiers (le contenu de l'activité ? le prestige que cela apportait ? les vêtements qu'il fallait porter ? l'environnement dans lequel il fallait travailler... ?).

5. Quels étaient vos rêves d'enfant ? Qu'est-ce qui vous attirait dans ces rêves ?

- **Votre adolescence et les années précédant votre vie d'adulte**

1. Qu'est-ce que vous aimiez particulièrement faire lorsque vous aviez du temps libre ? Qu'est-ce qui vous plaisait dans ces activités ?

2. Vous souvenez-vous d'un livre qui vous ait fasciné ? Qu'est-ce qui vous attirait tant ? L'histoire, un ou des personnage(s), l'auteur, le nombre de pages ?

3. Vous souvenez-vous d'un film qui vous ait fasciné ? Qu'est-ce qui vous attirait tant ? L'histoire, un ou des personnage(s), le réalisateur, les acteurs, la période à laquelle se déroulait l'intrigue, les décors, les costumes... ?

4. Quels étaient vos rêves, vos envies pour l'avenir ?

- **Retour vers un passé plus global**

L'enfance, l'adolescence et la post-adolescence sont des périodes particulièrement riches en indices concernant votre (ou vos) vocation(s). Mais il est également intéressant d'examiner d'autres bons souvenirs, qui n'appartiennent pas forcément à ces périodes et peuvent avoir eu lieu dans votre vie d'adulte.

Comme pour les exercices précédents, laissez vraiment les souvenirs revivre, envahir votre cœur et votre esprit. Écrivez vos réponses longuement et en détail.

1. Retrouvez 3 ou 4 (ou plus !) de vos souvenirs les plus heureux. Décrivez-les. Qu'est-ce qui vous rendait heureux dans ces situations ?
2. Souvenez-vous de moments où vous vous êtes senti particulièrement vivant, euphorique. Décrivez ces moments. Qu'étiez-vous en train de faire ? Que se passait-il ?
3. Pensez au mois qui vient de s'écouler. Avez-vous fait des choses ces dernières semaines qui vous ont laissé un souvenir joyeux ? Quelles étaient ces éléments ? Listez le plus possible de moments/d'activités générateurs de joie et d'enthousiasme.

Scannez votre présent

1. Quelle(s) activité(s) vous font oublier l'heure qu'il est ?
2. Quelle(s) activité(s) vous procure(nt) un plaisir intense, un vrai enthousiasme, de l'exaltation ? En gros, qu'est-ce qui vous fait vous sentir super bien, hyper vivant et plein d'entrain ? (Quand vous faites quoi, avec qui, dans quelles situations ?)
3. Quand, dans quelles circonstances, où, avec qui, vous sentez-vous vibrer ?
4. À propos de quel(s) sujet(s) avez-vous toujours envie d'en apprendre davantage ?
5. Que feriez-vous de toute façon, que vous soyez payé ou non ? Dit d'une autre façon : même si vous n'aviez plus besoin de gagner votre vie, que continueriez-vous à faire ? Que commenceriez-vous à faire ? Dit encore autrement (choisissez les questions qui vous conviennent le mieux), qu'aimez-vous tellement faire que vous pourriez même le faire gratuitement ? Voire même :

Qu'aimez-vous tellement faire (ou que rêveriez-vous tellement de faire) que vous seriez prêt à payer pour le faire si l'on vous en donnait la possibilité ?

6. En pratiquant quelle(s) activité(s) vous sentez-vous profondément vous-même ?

7. Selon vous, qui a la profession la plus « cool » qui soit, et pourquoi ?

8. Qui mène l'existence qui vous fait le plus envie (célébrité ou proche) ? Décrivez comment vous vous représentez cette vie.

9. Quand vous vous rendez dans une librairie, vers quel(s) rayon(s) vous dirigez-vous spontanément ?

10. Quels sont vos rêves, aujourd'hui ? Quels rêves vous transportent d'enthousiasme ou/et vous emplissent de calme et de paix en y pensant ?

Retour vers le futur

Il existe deux catégories d'exercices portant sur le futur.

La première catégorie (et c'est celle que nous allons explorer maintenant), est paradoxalement **rétroactive**. C'est-à-dire qu'il s'agit de s'imaginer dans un futur lointain se retourner sur sa vie, et d'observer ce qui est advenu dans son existence.

La seconde est **proactive** ; vous imaginez, de différentes manières et sous différents angles, votre futur, proche ou plus lointain. Nous y reviendrons dans l'exercice suivant.

Les deux approches sont très enrichissantes et demandent toutes les deux que vous repoussiez les barrières du réel et que vous laissiez libre court à votre imagination.

1. Se retourner sur sa vie

Les deux exercices que je vais vous proposer maintenant vont peut-être vous sembler étranges, mais ils sont très efficaces. Ce sont probablement certains des exercices les plus révélateurs de vous-même que vous trouverez dans ce programme.

Choisissez la version avec lequelle vous vous sentez le plus à l'aise. La première peut s'avérer dérangeante pour certaines personnes, et je le conçois tout à fait. Elle peut être très puissante, mais ne vous forcez pas si elle engendre chez vous une trop grande résistance. Vous pourrez également obtenir de très bons résultats avec la seconde.

Première version. Il s'agit d'imaginer ce que vous aimeriez que des proches disent de vous après votre disparition. Imaginez les hommages que deux personnes pourraient vous rendre et le discours qu'elles prononceraient (devant une assemblée affligée et larmoyante bien sûr !). Essayez de ne pas voir cet exercice sous un jour sinistre ! Il peut même s'avérer plutôt drôle à faire.

Pour ce faire, choisissez :

- **une personne que vous connaissez**, que vous aimez et dont l'opinion est importante pour vous (votre conjoint, un ami cher...) ;
- **une personne célèbre** (vivante ou disparue) que vous appréciez et que vous ne connaissez pas personnellement mais qui, dans cet exercice, serait proche de vous et connaîtrait bien votre vie (un homme politique, un chanteur, un sportif, un écrivain...).

Pour chaque hommage, imaginez ce que vous aimeriez vraiment que ces gens disent de vous. Et écrivez longuement, en détails. Vous pouvez noircir des pages entières !

Exemple

Paul a vécu une vie riche au service des autres. On se souviendra longtemps de sa générosité, de son sens de l'abnégation et de cette énergie si particulière qu'il mettait toujours à disposition de chacun. Lorsqu'on était à ses côtés, on avait l'impression que tout était possible. Il a exercé son métier de cuisinier avec passion...

Seconde version. Imaginez ce que vous aimeriez que des proches disent de vous pour votre 100e anniversaire. Une grande fête est organisée pour vous rendre hommage, célébrer votre merveilleuse vie et tout ce que vous avez pu apporter à vos proches et au monde. Imaginez les hommages que deux personnes pourraient vous rendre et le discours qu'elles prononceraient.

Pour ce faire, choisissez :

- **une personne que vous connaissez**, que vous aimez et dont l'opinion est importante pour vous (votre conjoint, un ami cher...) ;
- **une personne célèbre** (vivante ou disparue) que vous appréciez et que vous ne connaissez pas personnellement mais qui, dans cet exercice, serait proche de vous et connaîtrait bien votre vie (un homme politique, un chanteur, un sportif, un écrivain...).

Pour chaque hommage, imaginez ce que vous aimeriez vraiment que ces gens disent de vous. Écrivez longuement, en détails.

Exemple

Quel bonheur, Marie, que d'être là, pour cet extraordinaire anniversaire ! J'ai une profonde admiration pour ce que tu as créé et apporté durant toutes ces années. Ton engagement sans faille pour les droits des femmes a fait avancer notre monde, tes prises de position ont été absolument déterminantes. Que ce soit au travers de tes écrits ou de tes responsabilités en politique, tu as contribué à ce que la société évolue dans un sens plus juste, plus humain, et plus sensible...

À présent, avant de passer à l'exercice suivant, poursuivez un peu votre retour vers le futur en répondant à ces questions :

1. Imaginez que vous êtes âgé ; vous vous promenez avec un enfant que vous tenez par la main et qui vous demande « De quoi es-tu le plus fier dans ta vie ? ». Que lui répondriez-vous ?
2. Comme conséquences directes de votre passage sur terre, trois choses ont changé positivement. Quelles sont-elles ?
3. Qu'aimeriez-vous absolument avoir accompli quand vous vous retournerez un jour sur votre vie ?

2. Le « Si » magique

Autant il est souvent contre-productif de réexaminer le passé en se posant cette question : « Et si... (... j'étais arrivé plus tôt, ... je lui avais offert ce cadeau, ... j'avais pris l'autre route...) », autant il peut être très révélateur d'utiliser cette forme de questionnement en direction du futur.

Cet exercice comporte deux parties. L'imagination sera de mise dans chaque partie, mais la première fera davantage appel à votre réflexion et la seconde privilégiera votre intuition.

Première partie. Il va s'agir ici de répondre à plusieurs questions commençant par « Si... ». Il est vraiment important que vous vous prêtiez au jeu et que vous laissiez toute la place à votre imagination et à vos capacités de visualisation. Pour que cet exercice puisse vous être utile, il faut que vous preniez le temps nécessaire pour vous mettre dans la situation. Lire rapidement la question n'est pas suffisant. Vous devez vous projeter dans le contexte décrit, et vous mettre à l'écoute de ce que vous ressentiriez si c'était vrai.

1. Si vous rencontriez Dieu aujourd'hui (pour les athées, imaginez qu'il existe !), que pensez-vous qu'il vous dirait sur votre vie, sur la manière dont vous la gérez ? Quels conseils vous donnerait-il ?
2. Si vous gagniez 50 millions d'euros au Loto (et que vous n'ayez donc plus jamais besoin de gagner votre vie), comment organiseriez-vous votre existence ? Que feriez-vous comme activités ?
3. Si vous étiez sûr de ne pas échouer, que feriez-vous ?
4. Si vous pouviez être célèbre, pour quel(s) talent(s), ou dans quel(s) domaine(s), aimeriez-vous être reconnu ?
5. S'il vous aviez six mois de temps complètement libre, qu'en feriez-vous ? Comment organiseriez-vous votre temps ?
6. Si vous aviez dix vies, que feriez-vous de chacune d'elles ? (Quel serait votre travail, qui seriez-vous, où habiteriez-vous... ?)
7. Si vous alliez à une soirée, grande mais chaleureuse, pas guindée, où vous vous sentez bien ; pas du tout une soirée intimidante. Au contraire, vous avez vraiment envie d'y aller. Et pour cause. C'est une soirée extraordinaire et exceptionnelle parce que vous y rencontrez des gens formidables, intéressants, influents et gentils, et chacun d'entre eux peut contribuer à votre carrière et à vos intérêts, à votre bonheur. Chacun est là pour ça. Chacun est là pour vous aider, et tout le monde est bienveillant. Tout le monde veut vous aider, parce

que chacun voit la belle personne que vous êtes, et vos richesses :

– Qui rencontreriez-vous (personnages réels, anonymes ou célèbre, ou fictifs) ?
– Que vous proposeraient-ils ? Quelles informations précieuses vous transmettraient-ils ? De quelles façons vous aideraient-ils ?

8. Si vous pouviez aller à cinq conférences (tous frais payés) cette année, auxquelles iriez-vous ? De quoi parleraient-elles ?

9. Si l'on vous offrait cinq formations (peut-être même très coûteuses), lesquelles choisiriez-vous ? (aucun problème logistique, pas de déplacements, le centre de formation est à deux pas de chez vous, et même, si vous le souhaitez, on vient vous former chez vous)

Deuxième partie. Vous allez devoir compléter le plus spontanément et le plus rapidement possible les débuts de phrases qui vont suivre. L'idéal est que vous ne réfléchissiez pas (contrairement à l'exercice précédent) et que vous n'analysiez pas. Il n'est pas nécessaire que vos réponses soient forcément longues. Le tout est d'écrire de façon quasiment automatique.

Il est tout à fait possible, comme pour l'ensemble des exercices d'ailleurs, que vos réponses se répètent. Ne vous sentez pas obligé d'en trouver une autre ! La récurrence peut justement être très révélatrice.

C'est parti !

- Si je n'avais pas à le faire parfaitement, je...
- Si je me fichais de ce que les gens pensent, je...
- Si j'étais certain que ce soit le bon choix, je...
- Si j'étais plus audacieux, je...

- Si j'étais libre, je...
- Si je prenais un congé sabbatique, je...
- Si je m'autorisais à être vraiment moi-même, je...
- Si seulement je pouvais juste...

À présent, listez vos sources d'enthousiasme

Relisez toutes les réponses que vous avez apportées à l'ensemble des exercices précédents.

1. Commencez par en extraire toutes les sources d'enthousiasme qui ressortent de vos réponses. Listez-les.
2. Voyez si certains de ces enthousiasmes peuvent être regroupés sous des thématiques
3. Faites une liste de vos sources d'enthousiasme les plus fortes : celles qui vous animent réellement, qui vous font vraiment vibrer. (Il y en a souvent une dizaine, mais vous pouvez en avoir davantage ou moins, ne vous limitez pas à ce chiffre.)

Exercices extérieurs

Développez votre ambidextrie (quatrième partie)

Cette semaine, vous passerez de 15 minutes à 5 minutes.

Si je réduis votre durée d'entraînement, c'est parce que, dans les jours qui viennent, vous allez aussi vous servir de votre ambidextrie dans le cadre de vos Écritures Automatiques.

Comme la semaine précédente, vous allez continuer à écrire des deux mains. Mais cette fois-ci, au lieu que vos mains écrivent dans le même sens, de gauche à droite, elles vont devoir écrire en même temps, la même chose, **mais dans un sens opposé.**

En fait, votre main non dominante va reproduire en miroir ce que fait l'autre. C'est-à-dire que les mots qu'elle va écrire seront à l'envers.

Prenez un stylo dans chaque main, placez-les au milieu d'une feuille, espacées d'une quinzaine de centimètres, et concentrez-vous sur votre main dominante, sans guetter le résultat. Puis :

- Comme la semaine dernière, commencez la séance de 5 minutes en recopiant des formes géométriques : ronds, triangles, carrés, rectangles, losanges, en miroir.
- Ensuite, entraînez-vous à recopier quelques lignes d'un article de journal ou de magazine (il est préférable de varier les extraits de texte chaque jour).

Votre « Recueil d'Euphorie »

Cette semaine, la consigne habituelle est légèrement différente... Vous devrez toujours recueillir des éléments (photos, articles, images, dessins, petits objets...) positifs et joyeux, mais cette fois, en rapport direct avec vos rêves et vos passions d'enfant.

Reconnectez-vous, replongez-vous dans ce qui vous enthousiasmait, ce qui vous faisait vibrer, ce qui vous occupait des heures entières.

Par exemple, si votre rêve était de devenir pilote, allez sur Internet, sur des forums de pilotes, téléchargez des plans de vol, renseignez-vous dans un aéro-club sur les leçons de pilotage et notez toutes les informations, découpez des photos d'avions dans des revues spécialisées, cherchez des articles en rapport avec votre passion...

Retrouvez vos plaisirs d'enfant

Cet exercice s'inscrit dans la continuité du processus de reconnexion à vous-même ; vous allez voir, il est intimement lié à l'exercice précédent.

L'objectif ici est de refaire des choses que vous adoriez étant enfant et que vous avez mis de côté en grandissant, et de faire un pas vers un (ou des) rêve(s) qui vous tenai(en)t à cœur.

L'exercice est constitué de deux parties.

Première partie : Vos passions d'enfant. Choisissez (au minimum) une activité que vous adoriez faire durant votre enfance, et une autre durant votre adolescence. Et refaites-les cette semaine.

> ***Exemple***
>
> Si vous adoriez construire des maisons en Lego, empruntez ceux de vos enfants et faites une maison magnifique ; si vous aimiez écrire des poèmes, reprenez votre plume et écrivez un poème ; si vous étiez passionné de pêche, allez chercher votre canne...

Deuxième partie : Vos rêves d'enfant. Il va s'agir ici de vous approcher concrètement de ce qui vous faisait vraiment rêver étant enfant. Vous pouvez faire des recherches concernant ces rêves, mais vous pouvez aussi vous en rapprocher davantage et vous rendre dans des lieux ou rencontrer des personnes qui sont en rapport avec ces rêves.

> ***Exemple***
>
> Si vous rêviez d'être médecin, vous pouvez consulter des revues médicales, regarder une série se déroulant dans un hôpital, parler à votre médecin généraliste de son métier, commencer un livre sur la biologie humaine, télécharger un document sur les maladies tropicales...

Et si vous choisissez de vous déplacer (ce que je vous conseille), ramenez un souvenir, et glissez-le dans votre Recueil d'Euphorie...

Le programme de cette semaine est dense, mais si vous avez envie d'approfondir encore votre exploration, vous pouvez télécharger l'exercice « Mes sources d'Énergie » sur le site www.faiscequilteplait.com.

Votre Journal de bord

Revisitez chaque exercice intérieur et extérieur, et répondez à ces 5 questions :

- Qu'avez-vous ressenti en faisant chacun des exercices ?
- Qu'avez-vous découvert ou redécouvert sur vous ?
- Avez-vous été surpris par quelque chose ?
- Qu'avez-vous appris ?
- De quoi avez-vous pris conscience ?

Vous pouvez aussi dépasser le cadre de ces questions et dresser votre propre bilan personnalisé.

La semaine prochaine,
la chasse aux trésors continue...

Semaine 5

VOS PRÉCIEUX TALENTS

Ici, vous ne chercherez pas vos compétences, mais vos merveilleuses dispositions naturelles

UN PEU DE THÉORIE

Débusquez vos talents

Cette semaine, nous partons à la (re)conquête de vos talents. Alors, soyons bien d'accord sur les définitions : les talents ne sont pas des compétences. Les compétences sont des savoirs/savoir-faire/savoir-être que vous avez *acquis*. Certains peuvent vous plaire quand d'autres (et parfois beaucoup d'autres) peuvent vous pétrifier d'ennui et d'effroi. Les talents se rapprochent davantage de la notion de prédispositions : les ressources naturelles pour vous qui, lorsque vous les utilisez, créent en même temps le maximum de satisfaction en vous, et le maximum d'efficacité. D'où le grand intérêt (et la grande nécessité) de définir et d'utiliser vos talents.

Ce n'est pas toujours simple de définir ses propres talents, car :

- Certains sont une telle « seconde nature » pour vous que vous ne les voyez pas ;
- Certains ont été mis de côté depuis un bon bout de temps et vous avez pu oublier jusqu'à leur existence (mais on n'oublie jamais vraiment, c'est la bonne nouvelle).

Ce n'est donc pas simple de mettre en lumière ses talents, mais absolument pas impossible, à partir du moment où l'on se pose un ensemble de bonnes questions. Et c'est ce que vous allez faire dans quelques minutes.

Pourquoi utiliser ses talents ?

D'abord parce que cela relève du plus élémentaire bon sens. Les talents étant des prédispositions naturelles, ce serait inepte de ne pas les utiliser, ce serait aller à l'encontre de soi-même, essayer d'être quelqu'un d'autre.

Ensuite, parce que l'utilisation des talents est la base d'un fonctionnement et d'une efficacité optimale.

Et parce qu'au-delà de ça, utiliser ses talents est la seule façon de se sentir vraiment soi-même. Vos talents, c'est ce qui fait de vous quelqu'un d'unique, et c'est ce que vous avez comme mission d'apporter au monde. Vous pouvez apporter autre chose. Mais beaucoup moins bien. Et c'est complètement inutile, c'est du gâchis. La meilleure façon d'apporter toujours plus de valeur à vos actions, c'est de devenir toujours plus vous-même. C'est-à-dire non pas de combler vos faiblesse, mais de développer, de vous diriger toujours plus vers vos dons. Et la meilleure façon d'être toujours plus vous-même, c'est d'identifier, d'utiliser et de développer toujours plus vos talents.

BEAUCOUP DE PRATIQUE

Exercices intérieurs

Vos « Écritures Automatiques »

Comme la semaine dernière, j'aimerais que vous continuiez de vous servir de votre ambidextrie nouvellement acquise...

Si cela vous a été plutôt facile durant la semaine qui vient de s'écouler, alors ça ne vous posera pas de problème, et si vous avez éprouvé quelques difficultés, je pense que ça vaut le coup de poursuivre et d'explorer encore le supplément de richesse que peut vous procurer la rédaction de vos Écritures Automatiques de votre main non dominante.

Donc, continuez de rédiger au moins une page par jour, en essayant d'en écrire la moitié avec votre main non dominante.

Revisitez vos sources d'enthousiasme

Pour cette partie, vous allez reprendre les réponses que vous avez données la semaine dernière, et faire un petit travail d'enquêteur.

Il est tout à fait possible que des talents soient déjà apparus dans ces réponses.

Relisez attentivement les exercices de la semaine dernière, et listez les talents qui ont été mis en lumière. (Intéressez-vous encore plus précisément à la question 3 de « Votre enfance » : Que faisiez-vous naturellement, facilement, et avec une forme de « succès » et de satisfaction ?)

Vos cinq plus grands succès (et qui vous ont enthousiasmés, c'est une condition essentielle)

Faites appel à votre mémoire, et retrouvez vos cinq plus grands succès enthousiasmants.

Décrivez précisément chacun d'entre eux, puis répondez aux questions suivantes :

- Avec quel type de personnes étiez-vous ?
- Quels sujets précis traitiez-vous ?
- Que faisiez-vous précisément ?
- Quand, à quel moment de la journée, de l'année... cela se passait-il ?
- Qu'est-ce qui, selon vous a fait, que vous avez réussi là où peut-être d'autres personnes auraient échoué ou moins bien réussi ?
- Quel(s) talent(s), selon vous, étaient en jeu, avez-vous manifesté(s) dans cette situation ?
- De quelles façons particulières l'avez-vous (les avez-vous) utilisé(s) dans cette situation ?

Cherchez vos talents dans votre présent

1. Que faites-vous sans réel effort, naturellement ?
2. Selon vous, quels sont vos talents ? Pour quoi vous trouvez-vous doué ? En quoi êtes-vous vraiment bon ?
3. Qu'est-ce qui est pour vous si agréable et si facile que vous en faites très volontiers bénéficier les personnes autour de vous ?
4. Qu'est-ce que vous faites vraiment bien et qui vous donne beaucoup de joie en le faisant ?
5. Qu'est-ce qui vous fait vous sentir vraiment utile, fort, et complètement vivant ?

6. Qu'est-ce que vous pouvez faire facilement et avec plaisir, même quand vous êtes fatiguée ?

7. Pour quelle(s) particularité(s) êtes-vous le plus complimenté/remercié/félicité/reconnu ?

8. Pour quelle(s) qualité(s) voudriez-vous être davantage reconnu ? (Au fond de vous, avez-vous la sensation d'être bon dans un domaine mais que les autres ne le voient pas ?)

9. Qu'est-ce qui fait de vous quelqu'un d'unique ? (Quelle(s) caractéristique(s), talent particulier, qualités, ont toujours été indissociable(s) de vous ?)

10. Des talents que vous venez d'identifier :

- Lesquels avez-vous fait fructifier ?
- Lesquels avez-vous abandonnés ?

11. Est-ce que la vie que vous menez vous permet d'utiliser vos dons/qualités ?

12. En pratiquant quelle(s) activité(s) vous sentez-vous profondément vous-même ?

13. Quels traits de personnalité, quand vous les exprimez, vous rendent content et fier de vous ?

14. Quel type de personne êtes-vous quand vous êtes au meilleur de vous-même ? Comment vous comportez-vous quand vous êtes cette personne ?

Inspirez-vous

Pour vous aider à identifier et à formuler vos talents, vous pouvez télécharger une liste (non-exhaustive mais qui pourra vous donner des idées intéressantes) sur le site www.faiscequilteplait.com.

Faites la synthèse de ces exercices

1. Reprenez toutes les réponses à vos exercices, et faites la liste des talents qui sont apparus.
2. Reprenez les talents que vous avez extraits des exercices de la semaine dernière.
3. Faites une liste-synthèse de tous les talents mis en lumière.

Exercices extérieurs

Cette semaine, je ne vous demanderai pas d'exercices spécifiques pour développer votre ambidextrie. Vous avez déjà bien travaillé. On va pouvoir passer à autre chose !

Votre « Recueil d'Euphorie »

Cette semaine, votre Recueil d'Euphorie va être rempli au travers des exercices « Partez en exploration » et « Refaites une activité que vous n'avez pas pratiquée depuis longtemps ».

Donc, vous n'aurez pas besoin de faire un travail spécifique sur votre Recueil. Il se remplira tout seul ! (Ou presque...)

Refaites une activité que vous n'avez pas pratiquée depuis longtemps

Durant les Exercices intérieurs, vous avez exploré certaines activités que vous aimez vraiment faire, mais que vous n'avez peut-être pas pratiquées depuis un certain temps, pour toutes sortes de raisons.

L'objectif cette semaine est de réintégrer dans votre vie **au moins une** activité qui vous tient à cœur mais que vous avez un peu (voire complètement) mise de côté.

Vous n'êtes pas obligé d'y consacrer un temps immense, le tout est de rentrer de nouveau en contact avec elle, et de voir ce qui se passe en vous...

Si par exemple vous adorez faire du sport mais que vous avez négligé ce plaisir, allez courir une demi-heure, levez-vous un peu plus tôt pour faire des pompes, allez un jour à la piscine entre midi et deux....

Ou si vous êtes passionné d'écriture, prenez un peu de temps pour écrire un début de nouvelle, un poème...

Quel que soit ce que vous décidiez de faire, ajoutez à votre Recueil d'Euphorie un élément qui symbolise votre reconnexion à cette activité. (Ici, par exemple, le ticket d'entrée à la piscine, ou le poème que vous avez écrit...)

Partez en exploration (première partie)

Prenez votre chapeau, vos bottes et votre fouet (bon, d'accord, le fouet est facultatif) ; vous allez partir cette semaine à la découverte de territoires encore inexplorés. Inexplorés de vous, en tout cas ! Et c'est bien l'essentiel.

Pour trouver ce pour quoi vous êtes fait, il existe deux grandes démarches tout à fait complémentaires.

La première est de **chercher en soi**, comme vous le faites depuis le début de ce programme et comme vous allez continuer à le faire jusqu'à la fin. Vous effectuez pour cela des exercices de type introspectif qui font appel à votre créativité, à votre intuition, à votre imagination, à votre mémoire, à votre raisonnement... C'est une démarche absolument essentielle puisque vous êtes le mieux placé pour sentir ce qui est bon et intéressant pour vous. De nombreuses réponses, je dirais la grande majorité, se trouvent ici.

La seconde démarche est de **rechercher à l'extérieur de soi** des indices de nos vocations, de nos passions, de nos missions. On suit tous plus ou moins cette démarche, le plus souvent inconsciemment, en avançant simplement dans l'existence et en croisant de temps à autres de nouveaux centres d'intérêts, de nouveaux objets de curiosité, qui soudainement font vibrer quelque chose en nous. Le problème, c'est que lorsqu'on est plongé dans ses soucis quotidiens, et qu'on perd de plus en plus de vue qui l'on est et ce que l'on veut, ces éléments extérieurs peuvent perdre de leur intensité, voire même devenir invisibles.

Les exercices que vous pratiquez depuis le début du programme (et notamment les Exercices extérieurs et vos Écritures Automatiques) ont pour objectif de vous rendre plus réceptifs, d'ouvrir de nouvelles portes en vous, de créer de nouvelles connexions dans votre esprit, de réveiller votre curiosité, votre intuition, votre souplesse d'esprit et de cœur, pour que vous soyez plus conscient des jolis phénomènes que vous pouvez croiser sur votre route et pour que vous ne passiez pas à côté d'indices importants.

Ceci étant dit, nous pouvons faire encore mieux. Nous pouvons, au lieu d'attendre que les choses se présentent, aller les chercher (même si bien sûr, et heureusement, ça n'est pas fait pour remplacer l'exploration qui a lieu tout au long de nos vies).

Et c'est ce à quoi vous allez vous occuper, dès cette semaine.

Le but de la démarche, je vous le rappelle, est d'explorer des territoires méconnus, et ces territoires méconnus, vous les atteindrez en faisant des choses que vous n'avez pas l'habitude de faire. Parfois, de bonnes surprises nous attendent là où on s'y attendait le moins. Votre chasse aux trésors se poursuit...

Cette semaine, vous allez commencer votre exploration chez vous, sur Internet. Pendant 10 minutes par jour, au minimum, vous allez surfer, librement et sans objectif de recherche particulier, en laissant le hasard faire son œuvre. C'est-à-dire que vous allez vous laisser guider d'un lien à un autre, en prenant soin de vous rendre sur des sites ou des blogs qui a priori, ne vous attirent pas particulièrement, ou en lisant des articles qui n'auraient pas retenu votre intérêt en priorité.

Puis, à la fin de chaque « surf », notez ce que vous avez fait et ce que vous avez appris lors de vos pérégrinations virtuelles.

Explorez votre quotidien

Durant une semaine, vous allez partir à la recherche des **11 principaux indices de vos talents :**

- Sensation d'absorption dans une activité (et généralement, le signe reconnaissable de l'absorption est la perte de la notion du temps).
- Sensation de facilité (quand d'autres peuvent trouver ça compliqué).
- Naturel/sensation d'être soi-même/sensation d'être dans son élément
- Vivacité/inspiration/créativité (votre cerveau s'emballe, vous devenez très créatif, vous réfléchissez vite, vous trouvez de solutions).
- Concentration. (Vous pouvez vous concentrez intensément et longtemps.)
- Joie/satisfaction.
- Joie/satisfaction + performance (vous éprouvez de la joie et vous vous avérez être aussi très efficace).

- Sensation d'utilité (vous vous sentez utile, fier de vous, généreux ; vous avez l'impression d'avoir utilisé la meilleure partie de vous-même).
- Énergie (vous vous sentez dynamisé. Et même si la fatigue est présente, c'est une sensation de « bonne fatigue ») ;
- Intérêt/ curiosité/ fascination pour :
  - certains types de sujets ;
  - certains types d'objets/de lieux/de personnes (vous pensez souvent à ces éléments, avez toujours envie d'en apprendre davantage à leur sujet, vous recherchez leur présence)
- Attraction naturelle/élans, attirance instinctive et inexplicable à agir/réagir dans certaines situations. Les « trucs » qu'on ne peut pas s'empêcher de faire (par exemple, caresser un chien, s'occuper d'un enfant, aider une personne âgée, prendre la parole dans un dîner).

Prenez un cahier/carnet, que vous garderez toujours à proximité durant cette semaine.

Attribuez une page entière pour chacun de ces indices : notez en haut de chaque page « j'ai ressenti « le nom de chacun des douze indices » quand... ».

Lisez et relisez ces indices, pour bien vous en imprégner, et être ainsi prêt à les repérer lorsqu'ils apparaissent.

Puis notez, au moment où elles se présentent, les situations/activités/interactions, qui déclenchent l'apparition de ces indices (et ne comptez surtout pas sur votre mémoire pour faire une sorte de synthèse le soir venu, vous risquez de passer à côté de petites pépites).

Par exemple, sur la feuille « J'ai ressenti de la joie quand... » :

- j'ai aidé mon assistant à comprendre comment fonctionne le logiciel d'illustration ;
- ma fille est venue me demander de lui inventer une histoire.

Sur la feuille « j'ai ressenti un élan quand... » :

- j'ai commencé à organiser un futur voyage en allant chercher des destinations sur Internet.
- Mon amie m'a parlé du dernier livre de X...

Si une activité/situation/interaction entre dans plusieurs indices, notez-les pour chacun des indices concernés.

Vous pouvez aussi télécharger un modèle de tableau de talents sur le site www.faiscequilteplait.com.

En fin de semaine, reprenez toutes vos notes, et jouez au détective : observez notamment les récurrences, les thématiques qui émergent, et notez les talents qui apparaissent, en les formulant de préférence avec un verbe à l'infinitif (par exemple : transmettre, organiser, innover, réunir, écouter, cuisiner, gérer des conflits, planifier...). Vous pouvez aussi employer des noms si cela vous vient plus facilement (transmission, organisation, innovation...).

Listez de nouveau vos talents

Maintenant que vous terminé tous les exercices -intérieurs et extérieurs, reprenez l'ensemble de vos notes et de vos réponses, et faites une liste claire de tous les talents qui sont apparus.

VOTRE JOURNAL DE BORD

Revisitez chaque exercice intérieur et extérieur, et répondez à ces 5 questions :

- Qu'avez-vous ressenti en faisant chacun des exercices ?
- Qu'avez-vous découvert ou redécouvert sur vous ?
- Avez-vous été surpris par quelque chose ?
- Qu'avez-vous appris ?
- De quoi avez-vous pris conscience ?

Vous pouvez aussi dépasser le cadre de ces questions et dresser votre propre bilan personnalisé.

La semaine prochaine,
vous allez faire travailler votre imagination...

Semaine 6

MA VIE IDÉALE (1)

La vie parfaite ... pour **vous**

UN PEU DE THÉORIE

Deux semaines essentielles

Les deux semaines qui s'annoncent (celle-ci et la prochaine) sont absolument essentielles dans ce programme. Elles ont pour objectif de vous permettre de former dans votre esprit une image limpide et vivante de l'existence qui vous rendrait vraiment heureux. Avoir cette représentation en tête, être au clair avec ses envies, ses attentes, ses besoins, personnels comme professionnel, sont les conditions *sine qua non* pour amorcer une démarche de changement et mettre en place des actions concrètes pour se rapprocher de cet idéal.

Les deux prochaines semaines vont vous permettre de répondre à la question : « À quoi est-ce que je veux que ma nouvelle vie ressemble ? »

Et c'est en sachant et en ressentant ce à quoi vous voulez que votre vie ressemble que vous pourrez trouver plus aisément des idées précises et pertinentes d'activités professionnelles.

« À quoi voulez-vous que votre vie ressemble ? »

Voilà la question que les conseillers d'orientation traditionnels, dans le cadre d'un bilan de compétences, ne vous poseront jamais.

Pourquoi ? Parce qu'ils sont persuadés que la réponse est évidente et identique pour tout le monde : métro/voiture/embouteillage, travail de 9 h 00 à 18 h 00 (ou d'un peu plus tôt à un peu plus tard) du lundi au vendredi, métro/voiture/embouteillage, devoirs des enfants/tâches ménagères, dîner, sommeil, week-end, et 5 semaines de congés payés.

C'est vrai qu'il existe des désirs à peu près similaires chez chacun : avoir un travail intéressant, équilibrer son temps de travail et son temps personnel, gagner suffisamment d'argent pour pouvoir profiter de la vie... Mais au-delà de ces grands thèmes, chacun diverge : Certaines personnes aimeront travailler le jour, et d'autres la nuit, certains voudront travailler chez eux, d'autres dans un atelier d'artiste, d'autres sur un bateau. Certains auront besoin de travailler en équipe, et d'autres seuls. Certains auront besoin de l'autorité d'un patron, d'autres ne rêveront que de s'installer à leur compte. Certains voudront vivre dans différents endroits à différents moments de l'année et d'autres préféreront la sédentarité... La liste est extensible à l'infini.

Construire sa vie autour de son travail ?

Si les conseillers d'orientation ne posent jamais cette question, c'est aussi parce qu'ils pensent que prendre en compte la dimension personnelle (*versus* professionnelle), ce n'est pas leur boulot, et que leur seul et vrai travail, c'est de proposer des idées de métiers en accord avec des compétences.

Oui, mais voilà, et vous l'aurez évidemment remarqué, la vie personnelle et la vie professionnelle sont intimement liées. L'une a *de facto* une incidence sur l'autre. Et chercher des idées de métier sans prendre en compte les éléments essentiels que l'on veut inclure dans sa vie, c'est tout simplement parfaitement illogique. On ne peut pas être vraiment heureux si l'on construit sa vie autour de son travail. **C'est le travail qui doit le plus possible s'insérer dans la vie que l'on souhaite mener.**

Avant d'aborder les étapes plus spécifiquement professionnelles, vous allez donc, durant les deux prochaines semaines, imaginer, visualiser, vous représenter et ressentir ce à quoi vous aimeriez que votre vie ressemble.

Et c'est votre futur que vous allez commencer à modeler en faisant ces exercices.

BEAUCOUP DE PRATIQUE

Exercices intérieurs

Vos « Écritures Automatiques »

Vous connaissez la règle : une page minimum par jour !

Une pointe d'envie

On nous a appris qu'il ne fallait pas envier les autres. L'envie est un des sept péchés capitaux et, dans un inconscient collectif chrétien, ça laisse des traces. Ceci étant dit, dans cet exercice, l'envie va devenir votre amie. Parce qu'elle va clairement vous désigner ce qui vous manque, et donc ce dont vous avez vraiment envie (car, vous le noterez, ce mot a un très joli double sens).

Cet exercice consiste à identifier des personnes que vous enviez ; des personnes pour lesquelles il vous arrive de ressentir parfois une certaine jalousie.

On ne parle pas ici de jalousie amoureuse. Je parle plutôt de cette pointe de jalousie qui peut parfois piquer votre cœur quand un ami vous apprend qu'il a eu une promotion, qu'il va partir faire le tour du monde en voilier, qu'il fonde une famille, qu'il a trouvé un éditeur pour son manuscrit, qu'il a décidé de déménager dans un grand loft ou dans une charmante maison de campagne...

Ce que vous ressentez alors, vous le réprimez souvent bien vite parce que vous trouvez qu'il est inconvenant d'avoir ce sentiment, alors que vous devriez plutôt vous réjouir pour cet ami. Mais il se trouve que l'un n'empêche pas l'autre. Vous pouvez être sincèrement heureux pour lui et ressentir en même temps une forme d'envie. Ce qui est intéressant, c'est d'analyser ce qui crée cette envie (qui peut prendre diverses formes : colère, aigreur, rancœur, cynisme...) et pourquoi vous ressentez cette envie.

Ce que l'envie indique dans tous les cas, c'est que :

- Vous voulez quelque chose que vous n'avez pas.
- Vous avez peur de ne jamais l'obtenir.

À partir de ce constat, c'est à vous !

Qui enviez-vous ? Cette amie qui semble avoir si bien réussi à équilibrer temps de travail et temps personnel ? Ce cousin qui a décroché un premier rôle dans le prochain Woody Allen ? Cet homme qui est toujours entre deux avions ? Cette femme qui a pris un congé parental pour s'occuper de ses enfants ? Cette personne qui reprend ses études de médecine à 55 ans ? Ce voisin qui a monté son entreprise ?...

Vous allez procéder comme suit pour effectuer l'exercice.

1. Trouvez cinq personnes que vous enviez (proches ou célébrités). Puis pour chacune d'elle, répondez dans l'ordre à ces trois questions :

- Qu'enviez-vous exactement chez cette personne ? (Son style de vie ? Son métier ? Ses conditions de travail ? Certaines de ses qualités ?...)
- Pourquoi enviez-vous ces éléments chez cette personne ?
- Quelle sont les solutions pour ne plus ressentir cette envie ?

Exemple :

•Qui enviez-vous ?

« J'envie Sarah, ma meilleure amie. »

•Qu'est-ce que vous enviez exactement chez cette personne ?

« J'envie le fait qu'elle ait eu le courage de se mettre à son compte, et qu'elle s'épanouisse tant dans son nouveau travail. »

•Pourquoi enviez-vous ces éléments chez cette personne ?

« Parce que moi, je fais le même boulot depuis des années, que je m'ennuie, que mon salaire n'évolue pas, et que j'ai l'impression de stagner et d'être inutile. »

•Quelle sont les solutions pour ne plus ressentir cette envie ?

« Il faut que je me décide à changer de travail, à me rapprocher de ce que j'aime vraiment faire. Je sais que, si je trouvais un métier plus créatif, qui me permette d'avoir plus de responsabilités et plus de contacts sociaux, je m'épanouirais et je n'envierais plus Sarah ».

2. Puis, répondez à cette dernière question lorsque vous aurez fait l'exercice :

- Qu'est-ce que ça vous dit sur vos rêves, vos envies, vos aspirations ?

Votre vie idéale

Avant tout : Ne lisez pas les exercices à venir avant de faire celui-ci ; vous vous rendrez un grand service !

Vous allez aujourd'hui imaginer votre vie idéale. Par idéale, j'entends la vie qui vous rendrait vraiment heureux ; pas la vie censée être idéale (c'est-à-dire qui répondrait à des critères déterminés par d'autres que vous).

Vous allez devoir laisser votre imagination vagabonder et votre cœur vous parler librement. Vous saurez que vous êtes sur le bon chemin lorsque vous vous sentirez énergisé, enthousiasmé, électrisé par vos visualisations.

Sachez que les éléments écrits entre parenthèses sont donnés à titre d'exemples. Ne vous limitez pas à ceux-ci !

Donnez beaucoup de détails, soyez volubile dans vos réponses.

Faites semblant que tout soit possible. Et une fois de plus, ne vous laissez pas freiner par des considérations matérielles ou logistiques. Ne vous demandez pas comment vous allez pouvoir faire tout ça. Vous vous poserez la question plus tard, mais pour l'instant, elle n'a pas lieu d'être ; y recourir vous desservirait considérablement.

C'est à vous ! Imaginez ce à quoi vous voudriez que votre vie idéale ressemble dans les moindres détails en répondant à ces questions :

1. Pour moi, qu'est-ce qu'une vie réussie ? Quels éléments devraient être présents pour que j'estime que j'ai une vie réussie ?

2. De quoi aurais-je besoin pour devenir et donner le meilleur de moi-même ?
3. Où habiterais-je ? Dans quel genre de lieu est-ce que j'aimerais vivre ? Dans quelle ville, dans quelle campagne, dans quelle région, sur quel continent... ? Que devrait-il y avoir dans ce lieu ? (Un temps agréable, un aéroport, la forêt, des pistes de ski... – Il est tout à fait possible que vous souhaitiez vivre dans plusieurs types de lieux selon les périodes de l'année, par exemple.)
4. Dans quel(s) type(s) de local habiterais-je (appartement, maison, péniche, cabane...) ? À quoi ressemblerait-il exactement ?
5. À quel rythme de travail est-ce que j'aimerais travailler ? (2, 3, 4, 5, 6 jours par semaine ? 6 mois de l'année à temps plein ? 4 heures par jour tous les jours ? 2 mois de travail puis 2 mois de repos ? 2 ans puis une année sabbatique ? 1 ou 2 saisons dans l'année... ? Imaginez votre rythme idéal.
6. st-ce que j'aimerais avoir plusieurs activités professionnelles ?
7. Quelles seraient les activités hors-travail importantes pour moi ?
8. Avec quels types de personnes aimerais-je passer du temps ? Comment se passeraient mes relations avec eux ? Que m'apporteraient ces personnes et que leur apporterais-je ?
9. Comment est-ce que j'exprimerais mes valeurs à travers mon travail et ma vie en général ?
10. Quels objectifs personnels ai-je négligés jusqu'à présent et qui (re)deviendraient une priorité ?

11. En quoi ma vie serait-elle plus riche ?

12. Qu'est-ce que j'éliminerais immédiatement de ma vie ? Qu'est-ce qui n'existerait plus dans ma vie idéale ?

13. Est-ce que j'aimerais être impliqué dans une cause humanitaire, civile, sociale, politique... ? Et si oui, laquelle (ou lesquelles) ?

14. Quelles récompenses, autres que financières, aimerais-je recevoir de la vie ? Et comment pourrais-je les recevoir ?

15. Comment me sentirais-je si toutes ces conditions étaient réunies ?

16. Quelles qualités se développeraient alors chez moi ? (Est-ce que je deviendrais plus à l'écoute, plus serein, plus tendre, plus audacieux, plus créatif... ?) Quel type de personne deviendrais-je ?

17. Quels seraient mes nouveaux comportements envers les autres ?

L'essence de votre travail idéal

Avant de pouvoir déterminer précisément la ou les activité(s) professionnelle(s) que vous voudriez exercer, il est très utile dans un premier temps d'en définir les contours. L'essence.

Vous ne savez peut-être pas encore précisément ce pour quoi vous êtes vraiment fait, mais vous connaissez déjà, en revanche, la forme que vous souhaiteriez que votre travail prenne.

Vous savez déjà au fond de vous (et cet exercice est là pour le ramener à la surface) ce que vous voulez qu'un travail vous apporte, comment vous souhaitez vous sentir en l'exerçant, et la manière dont vous voudriez le faire.

Une fois que l'on a identifié l'essence idéale de son travail, il est bien plus facile de découvrir une activité qui puisse s'articuler autour de cette essence.

Comme pour l'exercice précédent, transportez-vous mentalement et émotionnellement au cœur des questions suivantes :

1. À quelle heure est-ce que j'aimerais que ma journée de travail commence ? (Ce peut être le matin, mais également l'après-midi ou la nuit !)

2. Quel serait mon environnement de travail idéal (ou mes environnements) ? Quel serai(en)t le(s) lieu(x) de travail où je me sentirais le mieux ? (Chez moi, dans un théâtre, dans une cuisine, un garage, une ferme, un bateau, un bureau, une boutique, dans la forêt...)

3. Qu'est-ce que j'aimerais porter comme type de vêtements pour travailler ? (Une blouse, un costume, un jean, un uniforme, une combinaison, une tenue de soirée...)

4. Qu'est-ce que j'aimerais utiliser comme éléments de travail ? (Des pinceaux, des stylos, des outils, mes mains, ma voix, mon corps, un ordinateur, un téléphone, des ustensiles de cuisine, un avion...)

5. Est-ce que je préfèrerais :

- Travailler complètement seul ?
- Travailler essentiellement seul mais collaborer avec des gens de temps en temps ?
- Travailler avec un partenaire qui puisse compléter mes compétences et prendre une partie de la charge de travail ?
- Travailler avec un groupe de gens et que nous ayons tous le même statut ?

- Travailler avec un groupe dont je sois le leader ?

1. Comment se déroulerait ma journée de travail ? (Même sans savoir exactement quelle activité serait exercée, quels éléments aimerais-je intégrer à ma journée de travail ? Par exemple, séance de brainstorming, réunions, pause déjeuner à l'extérieur, sieste, travail créatif le matin et administratif l'après-midi, travail à distance...)
2. Quel type de choses aimerais-je faire durant mon temps de travail ? Dans un premier temps, ne limitez pas vos choix ; dans un second temps, choisissez dans la liste suivante les 5 verbes correspondant le mieux à ce que vous souhaiteriez faire. (Cette liste est donnée à titre indicatif. Libre à vous d'ajouter et de sélectionner d'autres verbes.)
3. Combien d'heures est-ce que j'aimerais travailler ?
4. Avec quels types de personnes est-ce que j'aimerais travailler ? (Des restaurateurs, des fournisseurs, des représentants, des musiciens, des éditeurs...)
5. Quel serait mon rythme de travail idéal ? (Est-ce que j'aimerais avoir tout mon temps pour travailler ? Est-ce que j'ai plutôt besoin d'échéances courtes et de pression pour être efficace ? Un peu des deux ?...)
6. Est-ce que je serais amené à voyager ?
7. Qu'est-ce j'aimerais que mon (ou mes) travail idéal m'apporte comme émotions, gratifications ?

Votre journée idéale

À présent, pour donner davantage de structure et de chronologie aux exercices précédents, vous allez imaginer ce que serait pour vous une journée idéale, en répondant aux questions suivantes.

Ce que vous souhaiteriez faire

Accomplir	Communiquer	Discourir	Expertiser	Manifester	Provoquer
Accroître	Composer	Distribuer	Explorer	Motiver	Rassembler
Accueillir	Comprendre	Divertir Donner	Exprimer	Mûrir	Réaliser
Acquérir	Concéder	Doter	Faciliter	Négocier	Recevoir
Administrer	Concevoir	Éclairer	Façonner	Nourrir	Récolter
Adopter	Concurrencer	Écrire	Faire	Octroyer	Remuer
Affirmer	Conduire	Éduquer	Favoriser	Œuvrer	Rencontrer
Aimer	Confirmer	Effectuer	Féliciter	Offrir	Réunir
Amplifier	Conquérir	Élargir	Financer	Organiser	Revendiquer
Analyser	Conseiller	Élever	Former	Ouvrir	Rêver
Annexer	Considérer	Élire	Garder	Pardonner	Savoir
Apaiser	Construire	Élucider	Glorifier	Participer	Seconder
Appeler	Continuer	Employer	Identifier	Passer	Soigner
Apprécier	Convaincre	Enchanter	Illuminer	Perfectionner	Soutenir
Associer	Créer	Engager (s')	Imaginer	Posséder	Stimuler
Avancer	Croire	Engendrer	Impliquer	Poursuivre	Susciter
Aventurer (s')	Décider	Enthousiasmer	Improviser	Prendre	Tenir
Bâtir	Décorer	Entreprendre	Influer	Préparer	Terminer
Briller	Découvrir	Épauler	Inspirer	Présenter	Toucher
Céder	Défendre	Ériger	Intégrer	Procurer	Traduire
Choisir	Délibérer	Escalader	Intervenir	Produire	Utiliser
Classer	Délivrer	Évaluer	Inventer	Progresser	Valider
Collaborer	Démontrer	Exécuter	Jouer	Projeter	Vénérer
Commander	Dévouer (se)	Exercer	Juger	Promettre	Vivre
Commercer	Diriger		Maîtriser	Promouvoir	Voyager

De cette manière, vous pourrez vous représenter plus précisément les éléments que vous avez mis en lumière précédemment.

Barbara Sher[1] est la première à avoir proposé le principe de cet exercice en 1979, dans son très précurseur ouvrage *Wishcraft*[1]. En voici une adaptation :

1. À quelle heure est-ce que j'aimerais me lever ?

2. Qu'est-ce que j'aimerais voir de ma fenêtre ? (Des montagnes, un lac, la mer, la campagne, des buildings, la tour Eiffel...). Peut-être aimerais-je voir différents

1. Barbara Sher, *Wishcraft : How to get what you really want*, Ballantine Books, 1979.

paysages à différents moments de la journée ? (Ou de l'année, parce que vous pourriez par exemple avoir envie de vivre à Paris 6 mois de l'année et en Suisse les 6 autres mois.)

3. Qu'est-ce que j'aimerais faire avant de commencer à travailler ? (Du sport, lire mon journal, promener mon chien dans les bois, jouer avec mes enfants, faire du golf...)

4. Comment se passerait ma journée (ou mon après-midi, ou ma nuit) de travail ? (Même si vous avez déjà abordé cette question à l'exercice précédent, réfléchissez-y de nouveau.)

5. À quelle heure aimerais-je que ma journée de travail se termine ?

6. Que ferais-je après ma journée de travail ? (Est-ce que j'irais courir, faire du bénévolat, regarder la télévision, faire du théâtre, écrire, passer du temps avec ma famille... ?)

7. Qu'aimerais-je faire durant mes soirées ?

Partie facultative : Mes autres journées idéales. Certains d'entre vous souhaiteraient mener plusieurs vies en une seule, avoir plusieurs activités professionnelles, vivre dans des endroits différents selon les périodes de l'année, et n'imaginent pas vivre chaque jour de l'année de la même manière, et selon un rythme unique. Si vous êtes dans ce cas-là, décrivez également vos autres journées idéales.

Exercice extérieur

Un petit mot d'abord sur l'ambidextrie : je ne vous donnerai plus d'exercices à faire pour la développer, mais je vous encourage tout à fait à continuer vous-même votre apprentissage et à affiner votre pratique. Vous pouvez, pour ce faire, continuer chaque jour à vous servir régulièrement de votre main non dominante pour écrire (vos Écritures Automatiques par exemple) ou pour effectuer vos tâches quotidiennes.

Partez en exploration (deuxième partie)

La semaine dernière, vous deviez surfer sur le Net vers des destinations qui vous étaient méconnues.

Eh bien, cette semaine, vous allez éteindre Internet (entre autres)...

Ceci est un petit exercice expérimental de sevrage (ponctuel et non violent !). On le sait, notre vie quotidienne (et notre esprit, par la même occasion) est artificiellement remplie par une masse d'informations et de stimulations. Cette semaine, vous allez faire du vide pour laisser la place à d'autres choses, plus inhabituelles. Et ce qui va être intéressant à observer pour vous, c'est quelles vont être ces choses...

Durant deux jours cette semaine (ces jours peuvent être consécutifs ou non), **vous allez vous débrancher.**

Se débrancher ici signifie ne pas regarder la télévision, ne pas écouter la radio, ne pas utiliser Internet et ne pas lire non plus. Il est possible que vous vous trouviez un peu décontenancé, voire tout à fait désœuvré. C'est le but ! Et maintenant, remplacez ces activités par d'autres. Peut-être allez-vous méditer, sortir, écrire, faire quelque chose que vous n'avez pas eu le temps de faire depuis longtemps, ou bien... rien. Voyez ce qui se passe en vous, observez quelles activités vous aimeriez expérimenter.

Votre « Recueil d'Euphorie »

Cette semaine, nous allons donner une autre dimension à votre Recueil. Vous allez débuter un « Tableau d'Euphorie ».

Pour ce faire, vous allez vous baser sur les réponses que vous avez apportées aux exercices intérieurs de cette semaine et sur les éléments que vous aurez mis en lumière.

Le Tableau d'Euphorie est une partie de votre Recueil d'Euphorie ; la différence tient à sa **visibilité**. Vous arrivez en effet dans ce programme à un stade où vous avez déjà recueilli des éléments importants pour vous et où vous allez avoir besoin de clarté. Le Recueil d'Euphorie est une façon de se reconnecter intimement à ses envies, le Tableau d'Euphorie est là pour donner du corps, du poids et de la clarté à vos désirs.

Vous pouvez par exemple utiliser une surface aimantée ou en liège. L'important est que ce tableau soit souvent à portée de votre regard. Comme pour le Recueil, vous allez y coller des Post-It, des photos, des dessins, des plans, des tickets, des articles... en rapport avec les indices de vos passions, de vos valeurs, de vos rêves, que vous aurez découverts en faisant les Exercices intérieurs.

La règle est toujours la même : ce que vous apportez à ce Tableau d'Euphorie doit vous enthousiasmer, vous exalter, vous faire frissonner et sourire. Tout ce qui s'y trouve doit susciter en vous une motivation et une dynamique lorsque vous le regardez.

VOTRE JOURNAL DE BORD

Revisitez chaque exercice intérieur et extérieur, et répondez à ces 5 questions :

- Qu'avez-vous ressenti en faisant chacun des exercices ?
- Qu'avez-vous découvert ou redécouvert sur vous ?
- Avez-vous été surpris par quelque chose ?
- Qu'avez-vous appris ?
- De quoi avez-vous pris conscience ?

Vous pouvez aussi dépasser le cadre de ces questions et dresser votre propre bilan personnalisé.

La semaine prochaine,
nous poursuivons votre rêve éveillé...

Semaine 7

MA VIE IDÉALE (2)

Continuons à dessiner le portrait de la vie parfaite... pour vous

UN PEU DE THÉORIE

Une brève partie théorique cette semaine puisque l'essentiel a déjà été dit la semaine dernière. Mais tout de même quelques éléments :

Vous allez cette semaine poursuivre le travail que vous avez amorcé à l'étape 6. La semaine dernière, vous avez commencé à former une image claire de l'existence qui vous rendrait heureux et de la forme que vous souhaiteriez que votre travail prenne.

Vous allez affiner votre image, la densifier, lui donner plus d'ampleur, de couleur, de profondeur. Vous allez rêver en technicolor, être l'artisan appliqué et passionné de votre futur.

Vous allez notamment écrire une lettre tout à fait singulière : une lettre de vous à vous. Gardez-la précieusement parce qu'elle condensera l'essence de vos désirs. Elle sera là pour guider vos pas et vous accompagner dans la concrétisation de vos objectifs.

Vous reprendrez aussi vos explorations dans le cadre des Exercices extérieurs, parce que c'est parfois sur des chemins peu fréquentés (par vous tout du moins) que l'on peut trouver de l'or.

Cette semaine clôt (même si l'exploration n'est heureusement jamais terminée !) une chasse aux trésors de cinq semaines qui trouvera son « dénouement » la semaine prochaine.

D'ici là, mettez-vous à l'écoute de votre cœur et laissez votre imagination bâtir les plans de la vie faite pour vous.

BEAUCOUP DE PRATIQUE

Exercices intérieurs

Vos « Écritures Automatiques »

Comme les semaines précédentes, courageux rêveur, une page par jour. Non, vous n'y couperez pas !

Boostez votre vision

La semaine dernière, vous avez dessiné votre vie idéale et l'essence de votre travail rêvé. Je ne doute pas que vous ayez déjà dressé le portrait d'une vie merveilleuse pour vous. Mais je suis à peu près sûre aussi que vous vous êtes probablement un peu bridé, un peu retenu, que vous n'avez peut-être pas toujours osé donner la parole à certaines de vos envies profondes que vous considérez inatteignables, futiles ou utopiques. Je suis à peu près sûre que votre « petit démon du doute » (qu'on appelle plus communément « résistance » ou « mécanisme de défense ») vous a parfois soufflé de revoir vos rêves à la baisse.

Voilà un complément d'exercice qui devrait donner une autre dimension à votre vie idéale.

Relisez attentivement les réponses que vous avez données aux Exercices intérieurs de la semaine dernière. Imaginez-vous vivre les situations que vous avez décrites. Voyez-vous réellement dans cet environnement idéal.

Et maintenant, trouvez au minimum trois façons d'améliorer encore et d'embellir cette vision idéale.

Sur-boostez votre vision

Et hop, on continue à nourrir notre imagination et à amplifier notre vision :

1. Vous trouvez la lampe d'Aladin, le génie vous propose d'exaucer sept vœux (généreux le génie). Quels seraient-ils ? (Ne me dites pas la paix dans le monde, hein..., des trucs personnels.)

2. Un miracle se produit durant la nuit ; une bonne fée est passée pour vous... vous vous réveillez le matin et les choses ont changé. La vie est telle que vous la souhaitez. Que ressentez-vous ? Comment vous sentez-vous ? Vous allez vous regarder dans le miroir ; quel reflet voyez-vous ? Comment vous habillez-vous ? (Vous avez une nouvelle garde-...) Que faites-vous juste après ? et après ? à quoi ressemble cette première journée dans votre nouvelle vie ? Que faites-vous ? Que pensez-vous ? Que ressentez-vous ? Développez au minimum sur une demi-page.

3. Si vous aviez une semaine entière pour vous, seule et sereine, que feriez-vous, précisément, de ces sept jours ?

4. Si vous aviez la possibilité de suivre sept personnes pendant deux jours sur leur lieu de travail, et observer, être immergé dans leur univers, dans leur métier, quel serait le métier de chacune de ces personnes ? Pourquoi choisir de suivre ces personnes et pas d'autres ?

5. Si tout était possible, quelle serait la vie que vous adoreriez avoir ? (Si vous aviez tous les talents possibles, si l'argent n'était pas un problème, si aviez confiance en vous, si vous vous fichiez de ce que les gens pensent, si vous n'aviez pas peur, si vous étiez en sécurité, si vous étiez sûr que vous ne risquiez rien...)

6. Si vous aviez une baguette magique, que voudriez-vous ? Quels talents aimeriez-vous vraiment avoir ? Qu'aimeriez-vous ressentir ? Qu'aimeriez-vous acquérir/posséder ? Qu'aimeriez-vous accomplir ? ...

7. Si vous étiez sûr d'être guidé et accompagné par « l'Univers » (Dieu, ou un autre nom) et de ne pas pouvoir faire d'erreur, que feriez-vous ? Que mettriez-vous en place ?

8. Si vous aviez une semaine pour vous, sans aucune contrainte, sans aucun jugement, que feriez-vous de ce temps ?

Reprenez vos réponses (dans les semaines précédentes) aux questions suivantes – ou répondez-y de nouveau :

- Si vous gagniez 50 millions d'euros au loto (et que vous n'ayez donc plus jamais besoin de gagner votre vie), comment organiseriez-vous votre existence ? Que feriez-vous comme activités ?
- Si vous étiez sûr de ne pas échouer, que feriez-vous ?

- Si vous pouviez être célèbre, pour quel(s) talent(s), ou dans quel(s) domaine(s), aimeriez-vous être reconnu ?
- Si vous aviez six mois de temps complètement libre, qu'en feriez-vous ? Comment organiseriez-vous votre temps ?
- Si vous aviez dix vies, que feriez-vous de chacune d'elles ? (Quel serait votre travail, qui seriez-vous, où habiteriez-vous... ?)
- Si j'étais certain que ce soit le bon choix, je......
- Si je prenais un congé sabbatique, je......
- Si tout était possible, je ....

Que vous apprennent ces réponses ? Quels sont les rêves et les aspirations qui en ressortent ? Faites-en la liste.

Ce qui est absolument essentiel

Bien. Maintenant que vous tenez vraiment entre vos mains l'esquisse de votre vie idéale, que vous avez générée avec l'aide des fabuleux pouvoirs de votre cerveau droit, nous allons solliciter les compétences de votre hémisphère gauche pour analyser ces visions.

Vous avez à présent une vision grandiose et fidèle de l'existence que vous voudriez mener, vous avez repoussé les limites du supposé possible pour accéder à une image authentique de la vie qui vous épanouirait. Mais certains des éléments que vous avez décrits sont probablement bien plus importants pour vous et pour votre équilibre que d'autres.

Ce que nous allons faire dans cet exercice est de mettre en lumière ces éléments.

Attention, il ne s'agit pas de jeter les autres dans les abîmes de l'oubli ! Je ne suis pas en train de vous dire qu'il va falloir vous contenter du strict minimum. Si telle était ma pensée, soyez sûr que je changerais de métier.

En revanche, la vérité, c'est que vous ne pourrez sans doute pas tout avoir d'un seul coup. Et que peut-être vous ne voudriez même pas tout avoir d'un seul coup.

L'objectif de cet exercice est donc d'établir des priorités ; c'est-à-dire, de déterminer les éléments indispensables à votre équilibre, et sans lesquels vous ne seriez pas pleinement heureux. C'est à la réalisation de ces éléments que vous allez devoir vous atteler en priorité. Et le fait d'obtenir ces éléments génèrera en vous tant d'énergie qu'il vous sera alors bien plus facile de vous rapprocher du reste.

Voici comment vous allez procéder.

Relisez attentivement les descriptions (embellies par les exercices précédents !) de votre vie, journée, et travail idéaux, et déterminez quels sont les parties, les éléments, les composants que vous voulez absolument voir exister dans votre vie ; les entités dont vous savez et sentez qu'elles vous rendraient vraiment heureux.

Posez-les par écrit, très clairement.

Puis, une fois cette première partie d'exercice effectuée, tentez de hiérarchiser une fois encore les éléments de cette liste. C'est souvent en effectuant cette deuxième partie que l'on arrive à identifier avec précision ce qui est vraiment essentiel pour nous.

Votre lettre du futur

Pour cet exercice, vous allez avoir besoin des réponses que vous avez fournies aux exercices de la semaine dernière (« Votre vie idéale », « L'essence de votre travail idéal », « Votre journée idéale »), ainsi que de celles que vous venez de donner aux exercices précédents.

Comme vous l'avez fait pour les précédents exercices, ne restez pas figé pas dans le domaine des possibles (ou plus précisément, dans ce que vous croyez être le domaine des possibles).

Vous allez devoir décrire le genre de vie que vous aimeriez mener si vous jouissiez d'une liberté absolue, de moyens illimités et de l'ensemble des aptitudes que vous avez toujours rêvé de posséder.

Imaginez-vous dans cinq ans (ou deux ou trois ans si cela vous semble plus palpable), vivant la vie que vous voulez vraiment vivre. Il est important que vous choisissiez une date qui représente symboliquement quelque chose pour vous, comme un de vos futurs anniversaires par exemple, ou un nouvel an.

Écrivez-vous une lettre à vous-même. Racontez, dans les moindres détails, à la première personne, comment se déroule votre vie, de quelle manière elle s'organise.

En fait, le principe de cette lettre post-datée est que la personne que vous rêvez de devenir écrive à la personne que vous êtes actuellement.

Décrivez la personne que vous êtes devenue, vos activités professionnelles et extra-professionnelles, votre rythme de travail, vos revenus, votre environnement, votre lieu d'habitation et de travail, vos loisirs, vos relations familiales, sentimentales, amicales.

Il est essentiel de dire ce que vous ressentez, quelles sont vos émotions. Vous pouvez faire appel à vos sens et décrire ce que vous entendez autour de vous, ce que vous voyez, ce que vous sentez, ce que vous goûtez.

Le principe de cet exercice est de rendre votre récit le plus vivant possible, pour vous. Il faut que vous ayez, en écrivant puis en vous relisant, l'impression que vous y êtes. Vous devez être touché, vibrer, vous sentir exalté, énergisé, motivé. Si ce n'est pas le cas, c'est que vous avez probablement fait cet exercice de manière trop impersonnelle. Essayez alors de le refaire en vous laissant vraiment aller, en ouvrant grandes les portes de votre cœur.

Il est réellement important que vous vous prêtiez au jeu et que vous laissiez toute la place à votre imagination et à vos capacités de visualisation. Pour que cet exercice puisse vous être utile, il faut que vous preniez le temps nécessaire pour vous mettre dans la situation. Lire rapidement la question n'est pas suffisant. Vous devez vous projeter dans le contexte décrit, et vous mettre à l'écoute de ce que vous ressentiriez si c'était vrai.

Cela pourrait donner quelque chose comme ça.

Exemple

Cela fait deux ans que j'ai décidé de changer concrètement ma vie et je peux affirmer aujourd'hui que je me sens pleinement heureux. Cela n'a pas été facile, j'ai rencontré des difficultés, j'ai été en proie au doute, j'ai parfois manqué de confiance en moi. Il m'est même arrivé de vouloir tout abandonner.

Mais j'ai tenu bon et je ne peux que m'en féliciter quand je vois aujourd'hui à quel point mon existence est plus riche et plus épanouissante qu'avant. Je suis sorti du rythme effréné, épuisant et stérile qui était le mien auparavant. J'exerce des activités que j'aime et j'arrive à passer du temps avec les gens qui me sont chers ; j'ai trouvé le bon équilibre.

Je me suis rendu compte que je n'étais pas forcément fait pour n'avoir qu'un seul métier. Et aujourd'hui, j'arrive à marier avec harmonie mes deux passions : l'écriture et l'accueil des gens.

En fait, j'ai acheté une maison au bord de la mer (mon rêve !) et j'ai fait des chambres d'hôtes un peu particulières. J'organise des séjours autour de l'écriture. Les gens viennent pour se reposer et pour développer leur écriture et leur imagination à travers une série d'ateliers que j'ai créés et que j'anime moi-même.

C'est exaltant, passionnant et très gratifiant de voir les gens que j'accueille s'ouvrir et s'épanouir au fil des séances. Mes journées sont denses, je me lève très tôt et me couche très tard, mais je n'ai pas vraiment la sensation de travailler, tellement ces activités me sont naturelles.

Je me lève toujours très tôt, à 6 h 30 et mon premier plaisir est d'aller marcher au bord de l'eau. Sentir l'iode et le vent me donne de l'énergie pour toute la journée et me permet de réfléchir à mes ateliers ou à la suite que je veux donner à mon roman (car oui, j'écris enfin ce roman !). Puis je rentre à la maison, je prépare le petit déjeuner pour mes hôtes, je choisis les confitures que je vais leur servir (je les fais moi-même !), je dresse une jolie table, toujours fleurie. Puis les hôtes descendent les uns après les autres, s'attablent, et je me joins à eux pour boire un café. Tout le monde parle joyeusement de l'atelier de la veille et de celui qui les attend aujourd'hui.

Ensuite, nous commençons les ateliers, qui durent trois heures le matin et trois heures l'après-midi. J'ai quelqu'un qui vient s'occuper des cinq chambres que comporte ma maison. Les échanges sont riches, les exercices que je propose enthousiasment les gens. Le midi, c'est quartier libre, mes hôtes vont souvent manger au village et moi, j'en profite pour manger une soupe devant mon journal. J'adore ce moment. Puis les ateliers reprennent, on prend ensuite un thé tous ensemble. Le soir, je discute au salon avec tous les participants, je prépare un dîner deux fois par semaine. Les autres soirs, ils vont manger au village, et moi, j'en profite pour travailler à mon roman.

J'ai de nouveaux amis, et je donne de mon temps chaque samedi pour animer bénévolement des ateliers d'écriture pour enfants en difficulté.

L'été, je prends toujours quinze jours de vacances et j'en profite pour m'adonner à mon autre passion : la plongée sous-marine. Je vais dans des endroits différents chaque année pour découvrir des fonds marins variés.

Durant l'hiver, je prends d'autres congés (l'activité est un peu plus creuse pour les chambres d'hôtes) et je pars vivre deux mois à Paris, dans un petit studio que j'ai acheté avec ma sœur. Depuis deux ans, j'organise des ateliers d'écriture dans une école de cinéma (j'ai rencontré le responsable de la formation au cours d'un diner et nous avons sympathisé) pour former les élèves à l'écriture de scénarios »...

Pour vous donner des idées, téléchargez d'autres exemples de lettres du futur sur le site www.faiscequilteplait.com.

Exercices extérieurs

Cette semaine, vous allez faire une petite pause dans les Exercices extérieurs. Je ne vous donnerai à compléter que votre Recueil d'Euphorie ; ceci, dans le but de ne pas vous disperser et de vous concentrer intensément sur la conception et la visualisation de votre vie idéale. C'est probablement la semaine la plus importante de ce programme ; l'étape clé.

Dès la semaine prochaine, les explorations reprendront mais, d'ici-là, accordez toute votre attention et toute votre énergie psychique aux exercices de cette semaine.

Votre « Tableau d'Euphorie »

Cette semaine, vous allez continuer à donner corps à votre vie idéale.

Durant les exercices intérieurs précédents, vous avez assurément récolté un matériel dense, riche et précieux pour remplir votre Tableau/recueil d'Euphorie. Comme la semaine précédente, vous allez donc vous appuyer sur les réponses que vous y avez données, et sur les éléments enthousiasmants qui se seront dévoilés à vous.

Nourrissez votre vie idéale. Amusez-vous. Cherchez et accrochez à votre Tableau tous les éléments qui peuvent illustrer, donner vie, poids et lumière à l'existence que vous voulez vraiment vivre. Vous allez de cette manière poursuivre le phénomène de cristallisation dont je vous parlais la semaine dernière, et donc ouvrir la porte aux possibilités d'actions et de changements.

Construisez littéralement votre existence rêvée, rendez-la concrète en cherchant des éléments qui illustrent votre lettre du futur.

Procédez un peu comme si vous prépariez un film, comme si vous deviez donner vie à un scénario, comme si vous deviez faire exister en couleurs, en textures, en formes concrètes les mots en noir et blanc couchés sur le papier.

- Dessinez votre maison idéale, découpez des photos de lieux de travail dans lesquels vous vous sentiriez bien, écrivez sur des Post-It des mots ou des citations qui vous rappellent l'existence que vous désirez mener, recueillez tout ce qui vous inspire et symbolise la vie que vous voulez vivre.

VOTRE JOURNAL DE BORD

Revisitez chaque exercice intérieur et extérieur, et répondez à ces 5 questions :

- Qu'avez-vous ressenti en faisant chacun des exercices ?
- Qu'avez-vous découvert ou redécouvert sur vous ?
- Avez-vous été surpris par quelque chose ?
- Qu'avez-vous appris ?
- De quoi avez-vous pris conscience ?

Vous pouvez aussi dépasser le cadre de ces questions et dresser votre propre bilan personnalisé.

La semaine prochaine,
vous déterminerez la direction que vous souhaitez
donner à votre vie ...

Semaine 8

VIVEZ UNE VIE PLEINE DE SENS

Trouvez/déterminez ce que vous voulez apporter au monde (et à vous-même !)

UN PEU DE THÉORIE

Prenons quelques secondes pour récapituler vos avancées : vous avez d'ores et déjà travaillé sur vos sources d'enthousiasme, vos talents, et vos aspirations. Bravo ! Ce sont des éléments absolument essentiels pour trouver votre/vos voie(s), et nous allons nous en servir pour générer des idées d'activités à partir de la semaine 10.

Cette semaine, nous allons apporter à votre vision de la profondeur, de l'ampleur, un socle solide, et une vraie direction : Nous allons travailler sur le sens, dans les deux « sens » du terme, justement : la signification et la direction que vous avez envie de donner à votre vie.

Trouvez vos Valeurs

Partons d'une définition : Les valeurs, c'est l'ensemble de règles et de principes qui nous tiennent à cœur, que l'on aimerait voir guider notre vie.

Ce sont les convictions que nous considérons comme particulièrement importantes pour nous, celles qui constituent (qui sont censées constituer) nos repères essentiels, qui nous servent (qui sont censées nous servir) à effectuer nos choix les plus cruciaux et qui orientent donc pour une large part nos actions et notre comportement.

Je dis « qui sont censés constituer nos repères essentiels et nous servir à effectuer nos choix cruciaux » parce que, dans la réalité, ce n'est pas si évident ; ce n'est pas toujours mis en pratique.

Assez paradoxalement, bien que ces éléments soient absolument fondamentaux, on passe très peu de temps, voire pas de temps du tout à l'exploration, la découverte et la dénomination de ces valeurs. Le risque est de prendre des chemins qui ne sont pas les nôtres, de faire des choses contre notre volonté profonde, avec pour résultat, de ne pas se sentir fier de soi, de se sentir désaxé, pas à sa place, d'avoir un sentiment de malaise. Et de perdre notre estime de nous-même.

La sensation de faire quelque chose qui cloche, qui ne vous convient pas, qui vous met mal à l'aise est un bon signe que vous êtes en train de compromettre vos valeurs. Vous ressentez alors une forme d'inauthenticité.

Lorsque au contraire votre travail s'aligne avec vos valeurs, les nourrit, les soutient, il en résulte beaucoup de joie et de satisfaction. Et un réel sentiment d'authenticité.

Pourquoi on s'éloigne de ses valeurs

- **On peut les perdre de vue** parce que, comme on vient de le voir, on n'a pas effectué de travail réel sur leur identification, et qu'on peut alors se laisser porter par des choix qui, finalement, ne nous conviennent pas.

- **Et l'on peut aussi s'en éloigner même si on les a identifiées.** On peut en effet s'en éloigner ou les oublier car, lorsque nos activités ne sont pas alignées avec nos valeurs, il se produit ce qu'on appelle un phénomène de dissonance cognitive, qui produit un profond sentiment de malaise: il y a un décalage entre ce à quoi on croit (ce qui est important; nos valeurs) et ce qu'on fait.

Deux solutions s'offrent à nous pour rétablir un état de consonance cognitive : soit on modifie nos actions, soit on modifie ou on oublie nos valeurs, ce que l'on pense juste.

Et la plupart du temps, dans une situation de travail, on est obligé de maintenir un certain nombre d'actions. Et par conséquent... nous mettons de côté nos valeurs.

Le réveil est souvent assez désagréable, et déclenche fréquemment des processus de changement, de reconversion.

Être au clair sur ses valeurs

Identifier et intégrer ses valeurs, c'est diminuer le risque d'oublier, de mettre de côté des éléments essentiels qui guident notre vie. C'est diminuer le risque de choisir un travail qui ne les respecte pas.

Nos valeurs ou celles des autres ?

Nos valeurs se constituent, pour une part, de façon « naturelle » : on se sent profondément porté depuis toujours (ou très longtemps) par certaines d'entre elles (par exemple la bienveillance, l'aide, la justice, l'harmonie...).

Pour une autre part, elles sont acquises, au travers de notre éducation, notre religion, au travers de toute personne ou groupe social ayant eu une influence sur nous. Certaines valeurs acquises sont justes pour nous, nous correspondent, et d'autres non.

C'est pourquoi il faut être vigilant quand on identifie nos valeurs, car certaines sont véritablement les nôtres, quand d'autres appartiennent à d'autres personnes. Il convient donc de veiller à bien distinguer les unes des autres.

Pour ce faire (et nous y reviendrons dans les exercices), rappelez-vous cela :

- Une valeur ne vous contraint pas à faire quelque chose : elle vous motive à le faire.
- Et dit d'une autre façon, une valeur n'est pas un devoir : vous choisissez de faire quelque chose parce que vous le voulez, et non parce que vous le devez.

Explorons maintenant la notion de « Mission ».

Discernez votre Mission

Notre mission, c'est ce qui répond à la question « quelle est ma place dans le monde ?», « selon moi, quelle est ma contribution ? Qu'est-ce que je veux faire de merveilleux avec mes talents et mes sources d'enthousiasme ?». C'est une notion qui relie l'individuel au collectif, ce qu'on est au monde.

La mission est plus ou moins spécifique, par exemple :

- ma mission est d'apporter de la beauté dans la vie des gens ;
- ma mission est d'aider les enfants à avoir confiance en eux ;
- ma mission est de vaincre le cancer ;
- ma mission est d'aider les autres à identifier et à déployer leur potentiel...

Il existe des millions de missions.

Vous allez explorer la vôtre cette semaine.

BEAUCOUP DE PRATIQUE

Exercices intérieurs

Vos « Écritures Automatiques »

Cette semaine, comme les précédentes, une page minimum par jour !

Je vous laisse désormais libre d'utiliser ou non votre main non dominante pour rédiger une partie de vos Écritures. Si vous trouvez que cela vous apporte quelque chose, alors je vous encourage vivement à continuer.

Faites émerger vos Valeurs

Pour ce faire, répondez aux questions suivantes :

- En quoi la vie vaut-elle d'être vécue ?
- Quelles sont les personnes que vous admirez ? (Célèbres, personnages historiques, membres de votre famille, amis...).
- Qu'est-ce que vous admirez chez ces personnes ? (Leur façon d'être, leurs valeurs, ce qu'ils font de leur vie...)
- Qu'est-ce qui est essentiel pour vous dans la vie ? Quelles lignes de forces, valeurs, voulez-vous voir guider votre vie ?
- De quelle(s) manière(s) vous êtes-vous déjà éloigné de cette vision de la vie, de ces valeurs ? Quand n'avez-vous pas respecté ce qui était vraiment important pour vous ? À quel moment n'avez-vous pas été en concordance avec vos valeurs ?
- Pour vous, qu'est-ce qu'un travail qui a du sens ?
- Pour vous, qu'est-ce qu'une vie qui a du sens ?
- Décrivez quelqu'un qui, selon vous, a un travail qui a du sens.

- Décrivez quelqu'un qui, selon vous, a une vie qui a du sens
- Si vous deviez transmettre trois choses essentielles à vos yeux à vos enfants (ou à vos proches), quelles seraient-elles ?
- Quelles sont les valeurs les plus importantes pour vous, en fonction desquels vous aimeriez vivre (ou vivez déjà) ?

Les valeurs les plus importantes pour vous

Accomplissement	Changement	Éducation	Interdépendance	Réussite
Adaptabilité	Clarté	Enthousiasme	Intimité	Sécurité
Aide	Collaboration	Évolution	Joie	Sensualité
Amitié	Communauté	Excellence	Liberté de choix	Solitude
Amour	Concentration	Gratitude	Ordre	Soutien
Appartenance	Courage	Harmonie	Paix	Spiritualité
Authenticité	Créativité	Honnêteté	Participation	Stabilité
Autoréalisation	Croissance	Humour	Pouvoir	Stimulation intellectuelle
Aventure	Divertissement	Indépendance	Précision	Talent artistique
Beauté	Don	Intégrité	Reconnaissance	Transmission
			Respect	

- Pour quels principes, valeurs, desseins, seriez-vous prêt à vous battre ou accepteriez-vous de consacrer votre vie ?
- Quels traits de personnalité, quand vous les exprimez, vous rendent content et fier de vous ?
- Imaginez que vous êtes âgé ; vous vous promenez avec un enfant que vous tenez par la main et qui vous demande « De quoi es-tu le plus fier dans ta vie ? ». Que lui répondriez-vous ?
- Comme conséquences directes de votre passage sur terre, trois choses ont changé positivement. Quelles sont-elles ?
- Qu'aimeriez-vous absolument avoir accompli quand vous vous retournerez un jour sur votre vie ?

Discernez vos « Vraies valeurs »

1. **Retirez éventuellement de votre liste les valeurs qui sont de l'ordre du devoir,** qui ne vous appartiennent pas réellement, qui vous ont été inculquées mais auxquelles vous n'adhérez pas profondément.
2. **Faites le Top 5 des valeurs que vous voulez voir guider votre vie.**
3. **Donner VOTRE définition à chacune de ces valeurs.** Qu'est-ce que chacune signifie pour vous ?

Identifiez votre Mission de vie

Nous avons tous un rôle particulier à jouer dans le monde. C'est la raison pour laquelle il est si fondamental de se reconnecter à ce que l'on aime, à ce qui est important pour nous. Parce que c'est dans nos passions, nos talents, nos valeurs, nos rêves que se niche notre « mission de vie ». N'entendez pas ce terme dans un sens religieux. Entendez-le plutôt comme ce que vous dit de faire votre petite voix. Vous êtes irremplaçable, et votre contribution l'est aussi. Prendre conscience de sa richesse, de son potentiel, de son unicité, c'est se permettre de vivre une vie pleine de sens. Et lorsque notre vie a du sens, le bonheur n'est jamais loin...

La mission de vie, c'est l'essence de ce que vous êtes. C'est le fil rouge, le cœur de vous-même qui guide vos actions et donc votre existence.

Comme elle représente ce qui vous est le plus personnel, vous pouvez vous en servir comme d'un solide cadre de référence, et prendre vos décisions importantes à la lumière de votre mission. En faisant cela, vous pourrez être sûr d'être toujours en accord avec vous-même. La mission donne un sens et éclaire votre chemin.

Élément très important (ai-je vraiment besoin de le préciser...), votre mission de vie est, comme indiqué, **votre** mission. Pas celle de votre père, de votre mère, de votre mari, de vos enfants, de vos amis, de tonton Lucien ou de votre voisin Georges. Non, la vôtre. Personne ne peut vraiment savoir ce qui est bon pour vous, excepté vous.

La mission de vie dépasse de loin la notion de carrière ; elle peut bien sûr prendre cette forme, mais elle peut aussi s'incarner dans les autres domaines de la vie. Le travail n'est qu'une part de ce que vous êtes et de ce que vous faites. La mission de vie, c'est un peu le grand thème musical de votre vie, et le travail est un instrument parmi d'autres pour le jouer.

Dans cet exercice, vous allez rédiger votre énoncé de mission. Pour ce faire, vous allez vous servir de tous les éléments que vous aurez mis en lumière au travers des exercices de ce programme : valeurs, passions, rêves, dons, conditions de vie/travail idéales.

Note importante

Votre mission n'est pas gravée dans le marbre. Elle est évolutive, vous pourrez d'ailleurs refaire cet exercice régulièrement pour voir si certains éléments se transforment. Ne prenez pas cet exercice trop solennellement. Le but ici est que vous puissiez encore un peu plus clarifier votre vision, que vous ayez la possibilité d'améliorer encore davantage votre sensation de cohérence, en et avec vous-même.

Il est également possible que vous ayez *plusieurs* missions ; sentez-vous très libre de rédiger plusieurs énoncés de missions. Ne multipliez pas non plus les énoncés, l'objectif de cet exercice étant de vous donner une sensation de clarté. Essayez de trouver les thématiques communes entre vos énoncés pour concentrer votre propos.

La formulation de votre (vos) mission(s) de vie doit créer en vous un sentiment de passion et d'enthousiasme. Si ce n'est pas le cas, retravaillez-la. Il est indispensable qu'elle vous inspire.

Elle doit être relativement brève et synthétiser les éléments essentiels de votre existence. Elle répond en fait aux questions : « Qu'est-ce que je veux vraiment faire de ma vie ? » et « Quelle est ma place dans le monde ? », « Qu'est-ce que je veux apporter ? », « À quoi est-ce que je veux contribuer ? ».

Votre énoncé de mission doit être rédigé au présent, dans des termes positifs. Faites plein d'essais, écrivez de nombreux énoncés, modifiez certains mots, amenez certaines nuances, jusqu'à ce que vous trouviez celui qui « sonne juste », qui résonne en vous.

Exemples d'énoncés de mission

« Ma mission est d'utiliser ma musique sous des formes diverses pour ouvrir des portes dans le cœur des gens. »

« Ma mission est de faire sourire les gens au quotidien, au travers de mes différentes activités. »

« Ma mission est de transmettre aux enfants une vision positive de la vie, et de les faire prendre conscience de la responsabilité qu'ils ont de leur destin. »

« Ma mission est de lutter contre les peurs et les a priori en organisant des évènements interculturels. »

Allez-y, testez, cherchez, écrivez, jusqu'à ce que vous sentiez que votre (vos) énoncé(s) de mission est (sont) le (les) bon(s).

Pour explorer d'autres énoncés de mission, rendez-vous sur le site www.faiscequilteplait.com.

Exercices extérieurs

Partez en exploration (troisième partie)

Cette semaine, toujours dans la perspective de stimuler et d'ouvrir votre esprit, et de vous aventurer un peu vers des chemins méconnus, voici deux petits exercices.

Premier exercice

Allez voir un film au cinéma (ou louez un film) que vous n'avez a priori pas envie d'aller voir. Peut-être que le sujet est pour vous rébarbatif, que vous craignez de vous ennuyer, que vous redoutez que le film soit trop triste, trop long, trop intellectuel, trop français...

Et si vous ne connaissez rien de lui, c'est encore mieux. Mais la règle ici, c'est d'aller voir un film qui ne vous attire pas du tout.

Deuxième exercice

Les biographies sont une mine pour quiconque cherche sa voie. En effet, par définition, elles condensent (en quelques lignes ou en un livre) les envies, les passions, les difficultés, les états d'âmes, les tergiversations d'hommes et de femmes qui ont suivi des parcours étonnants, intéressants et forcément uniques.

Les biographies permettent de prendre un peu d'avance en se servant de l'expérience des autres, en s'inspirant des choix judicieux et en contournant les décisions fâcheuses.

Votre travail cette semaine va consister à lire des biographies de **deux types de personnes :**

- Des personnes qui vous fascinent, que vous admirez, qui vous intéressent.
- Des personnes que vous ne connaissez pas, qui ne vous intéressent pas particulièrement, dont l'univers a priori ne vous attire pas.

Vous pouvez trouver des biographies un peu partout : dans des livres, des magazines, sur Internet.

Au fur et à mesure de vos lectures, écrivez vos ressentis, les idées qui vous viennent, les pensées que ces parcours vous évoquent.

Votre « Recueil/Tableau d'Euphorie »

Faites une pause cette semaine, vous l'avez beaucoup rempli les deux semaines précédentes

VOTRE JOURNAL DE BORD

Revisitez chaque exercice intérieur et extérieur, et répondez à ces 5 questions :

- Qu'avez-vous ressenti en faisant chacun des exercices ?
- Qu'avez-vous découvert ou redécouvert sur vous ?
- Avez-vous été surpris par quelque chose ?
- Qu'avez-vous appris ?
- De quoi avez-vous pris conscience ?

Vous pouvez aussi dépasser le cadre de ces questions et dresser votre propre bilan personnalisé.

La semaine prochaine,
vous allez transformer le Plomb en Or.

Semaine 9

PETITES LEÇONS D'ALCHIMIE

Ou comment transformer votre Plomb en Or...

UN PEU DE THÉORIE

« Cracker » le code

Vous souvenez-vous de cette formule que j'avais employée dans « Ce qui vous attend » au début du livre ?

Et voilà, on y arrive, on y est. Vous allez décrypter votre ADN sans même avoir besoin de vous arracher un seul cheveu. Il est d'ailleurs très probable que vous ayez, au fil des semaines et des exercices, commencé à décoder vous-même votre propre identité.

Car, je vous le rappelle, personne d'autre que vous ne sait ce qui peut vous rendre heureux.

Au fil des cinq dernières semaines, nous avons recherché, repéré et recueilli des indices précieux de vos passions, de vos dons, de vos valeurs, de vos rêves.

Et il est temps cette semaine de faire la synthèse de cette grande enquête.

Vous êtes sur le point de faire un grand pas supplémentaire vers la connaissance de ce qui est essentiel pour vous, de ce qui vous caractérise. Vous êtes sur le point de vous rapprocher encore davantage de votre cœur et de ses messages.

L'Essence de vos rêves et de vos passions

Vous allez découvrir **pourquoi** vous aimez ce que vous aimez, ce qui, exactement vous fait exactement vibrer lorsque vous pensez à vos rêves. Vous allez découvrir l'Essence de vos passions, de vos rêves, de vos valeurs, de vos talents, de vos conditions de vie et de travail idéales.

Et en découvrant le pourquoi sous-jacent, vous allez trouver **votre Or.**

Comme vous le verrez plus loin, il est très utile de trouver cette Essence. Parce que c'est ce qui vous rendra heureux. Cette Essence, c'est ce dont vous avez vraiment besoin, ce vers quoi vous devez vous tourner.

C'est autour d'elle que vous pourrez construire des projets à votre mesure, gratifiants et épanouissants.

Et c'est un élément très puissant qui pourra changer votre façon de considérer votre existence. Jusqu'à présent, vous laissiez peut-être les impératifs, la nécessité, la pression extérieure, créer vos objectifs. À partir de maintenant, vous pourrez agir différemment : vous pourrez déterminer vos projets sur la base de votre Essence.

Katharine Hepburn disait :

> « Vous ne pouvez pas changer la musique de votre âme ».

Je suis absolument d'accord avec elle ; et c'est cette musique que nous allons attentivement écouter cette semaine.

Une préparation essentielle aux deux prochaines étapes

La semaine prochaine (et celle d'après), nous aborderons la phase professionnelle de ce programme. Je pense que ce sont des étapes que beaucoup d'entre vous attendent avec impatience.

Vous découvrirez comment, à partir de tous les précieux éléments que vous aurez mis en lumière cette semaine, trouver des idées d'activités professionnelles qui intégreront harmonieusement vos fabuleuses caractéristiques individuelles.

C'est une partie du programme très stimulante, qui fera appel à tous les talents de vos deux hémisphères...

Mais d'ici là, vous allez successivement devenir inspecteur puis alchimiste...

BEAUCOUP DE PRATIQUE

Exercices intérieurs

Vos « Écritures Automatiques »

Ce n'est pas le moment de faiblir ! Les exercices de cette semaine sont denses, profonds, et vous aurez bien besoin de vos Écritures Automatiques pour intégrer ces nouveaux éléments.

Alors au moins une page par jour, chers Rêveurs...

Dans la peau du Lieutenant Colombo

Ces cinq dernières semaines, vous avez effectué de nombreux exercices qui vous ont permis de mettre en évidence un certain nombre d'éléments qui caractérisent ce que vous voulez, ce qui est important pour vous, ce pour quoi vous êtes doué, ce qui vous fait rêver, en un mot : ce qui fait de vous une personne unique et extraordinaire.

Il est temps à présent d'aller rechercher tous ces éléments mis en lumières au fil des semaines, et de les regrouper en catégories lisibles et claires, afin que vous puissiez avoir une vision limpide de tous ces trésors.

Voici les cinq catégories :

- Vos **sources d'enthousiasme**.
- Vos **talents.**
- Vos **valeurs.**
- Vos **rêves**.
- Vos **conditions de vie et de travail idéales**.

Vous avez d'ores et déjà listé vos sources d'enthousiasme, vos talents et vos valeurs.

Pour ce qui est de vos conditions de vie et de travail idéales, vous les trouverez dans les chapitres « Ma vie idéale 1 et 2 ».

Quant à vos précieux rêves, revisitez l'ensemble de vos réponses, ils peuvent se trouver un peu partout.

Synthétisez clairement toutes ces précieuses ressources par catégorie, et tout de suite, maintenant, commençons à fondre le Plomb en Or...

Fondre le Plomb en Or

Maintenant que vous avez devant les yeux tous ces éléments de votre identité et de vos désirs, vous allez procéder à une opération absolument essentielle. Après avoir revêtu l'imperméable du Lieutenant Colombo, vous allez vous munir des instruments de l'alchimiste.

Vous allez transformer votre plomb (tous ces éléments bruts) en Or (c'est-à-dire l'essentiel, « l'Essence » de cette matière brute).

Comme je vous le disais dans l'introduction, il est absolument indispensable de savoir exactement ce qui vous fait vibrer dans vos passions, les raisons qui font que vous caressez un rêve, la partie que vous aimez vraiment dans une activité.

Parce que, lorsque vous avez découvert cela, l'Essence, vous avez alors identifié ce dont vous avez vraiment besoin, ce qui vous meut, ce qui vous pousse en avant, la source de votre motivation ; ce qui peut vous rendre vraiment heureux. Et ça, cher lecteur, c'est de l'Or.

> Identifier cette Essence,
> c'est entendre enfin réellement votre cœur.

Exemple

Pour un rêve a priori identique : « Devenir chanteuse », le cœur de ce rêve pourra être absolument différent.

Pour l'une, ce qui sera important dans le fait de devenir chanteuse sera d'être célèbre, adulée par des millions de fans, signant des autographes et apparaissant sur des milliers d'affiches. C'est la gloire, l'amour global d'un public anonyme qui la fait rêver et dont elle a besoin. Ça c'est le cœur de son rêve. Et peut-être que finalement, le chant lui importe peu et qu'elle pourrait obtenir l'Essence de son rêve sous une forme différente.

Pour l'autre, ce qui sera important dans le fait de devenir chanteuse sera de vivre de sa passion du chant, d'être reconnue pour son talent, d'enregistrer des albums de qualité avec des musiciens et des producteurs pointus, et que son travail soit apprécié par la critique, même si le succès public reste assez confidentiel. Le cœur de son rêve est différent. Elle attend des rétributions différentes. Elle a des besoins différents.

Le tout est d'identifier ces besoins parce que si l'on reste en surface (devenir chanteuse, par exemple), notre conscience n'accède pas clairement à ce que l'on veut vraiment et qui aura le pouvoir de nous rendre heureux.

Ne pas identifier cette Essence, c'est prendre le risque de faire fausse route et de se diriger vers quelque chose qui nous semble attirant, alors que ce qu'on cherche et ce dont on a besoin peut être tout à fait différent.

Ceci étant dit, allons-y ! Prenez vos pinces et vos gants...

Première partie : Fondre le Plomb. Avant de trouver l'Or, il faut commencer par chauffer votre Plomb. Et pour ce faire, vous allez pouvoir reproduire (en plus grand !) le tableau suivant.

Vous allez d'abord reporter dans la colonne de gauche l'ensemble des éléments que vous aurez listés à l'exercice précédent. Puis, pour chacun d'eux, vous allez vous poser une des questions suivantes (et y répondre !) :

- Pourquoi j'aime tant cet élément ?
- Qu'est-ce qui m'attire exactement ?
- Quelle est la partie que j'aime le plus ?
- Pourquoi est-ce si important pour moi ?

Ces quatre questions permettent toutes de mettre en lumière l'Essence des inclinations de votre cœur. Choisissez juste celle qui est la mieux adaptée pour vous, selon chaque élément.

Fondre le Plomb

	Essence **Pourquoi j'aime tant cet élément ? / Qu'est-ce qui m'attire exactement ? / Quelle est la partie que j'aime le plus ? / Pourquoi est-ce si important pour moi ?**
Talents / Dons - - -	
Passions - - -	
Rêves - - -	
Valeurs - - -	
Conditions de Vie/Travail Idéales - - -	

Deuxième partie : Faire décanter les Essences. Vous allez très probablement vous rendre compte que certaines de vos Essences se ressemblent. L'objectif de cette seconde partie est de les réunir par groupes d'Essences ayant une signification similaire. Si certaines Essences ne peuvent selon vous rejoindre un groupe, c'est qu'elles en constituent un à elles toutes seules. Parfois, une même Essence pourra s'intégrer dans deux groupes. Un second tableau vous aidera à synthétiser vos Essences.

Faire décanter les Essences

Essences	Groupe d'essence
Essence 1	Groupe d'Essences 1
Essence 2	Groupe d'Essences 2
Essence 3	Groupe d'Essences 3
Essence 4	Groupe d'Essences 4
Essence 5	Groupe d'Essences 5
Essence 6	Groupe d'Essences 6
Essence 7	Groupe d'Essences 7
Essence 8	Groupe d'Essences 8
Essence 9	Groupe d'Essences 9
Essence 10	Groupe d'Essences 10
Essence ...	...

Troisième partie : Regarder l'Or apparaître. À présent que vous identifié les Essences majeures de vos passions, de vos dons, de vos rêves, de vos valeurs et de vos conditions de vie et de travail idéales, le plus intéressant arrive. L'Or va apparaître. Il va se révéler à vous (si ce n'est déjà fait) au travers des récurrences, des thèmes communs à l'ensemble des réponses que vous venez d'apporter dans la partie précédente.

Vous allez en effet, presque assurément, voir apparaître des thèmes qui se répètent.

Dans le tableau suivant (que vous aurez reproduit), reportez dans la colonne de gauche les différents éléments essentiels (groupe d'Essences) de la partie précédente, puis dans la colonne de droite :

- Écrivez les thèmes que vous voyez se répéter (les dénominateurs communs !).
- Pour chacun des thèmes, notez ce que cela vous évoque, ce dont cela vous fait prendre conscience, ce que vous ressentez.

Regarder l'Or apparaître

Groupe d'Essences	**Thèmes récurrents (l'Or !)**
Groupe d'Essences 1	Thème 1 : Ce que ça m'évoque, ce dont je prends conscience :
Groupe d'Essences 2	Thème 2 : Ce que ça m'évoque, ce dont je prends conscience :
Groupe d'Essences 3	Thème 3 : Ce que ça m'évoque, ce dont je prends conscience :

Voici des exemples de tableaux remplis pour vous aider.

Fondre le Plomb : exemple

Talents/Dons	**Essence** **Pourquoi j'aime tant cet élément ? / Qu'est-ce qui m'attire exactement ? / Quelle est la partie que j'aime le plus ? / Pourquoi est-ce si important** **Pour moi ?**
À l'écoute	C'est important pour moi parce que ça veut dire que je suis *présente pour les autres.* Et que *je les accueille dans ce qu'ils sont, qu'ils se sentent bien en ma présence.* J'aime être à l'écoute parce que c'est la base d'une *relation profonde et authentique.*

Fondre le Plomb : exemple (suite)

Sociable	C'est important pour moi parce que je veux être *ouverte aux autres.* Que ça me permet de *partager des idées, des émotions avec les autres.* Parce que j'ai souvent *besoin d'être entourée, d'être appréciée.*
Don pour la cuisine	C'est important pour moi parce que grâce à ce talent, je peux *faire plaisir aux autres.* Parce que ça me permet *d'avoir du temps pour moi.*
Don pour la décoration	C'est important pour moi parce que ce talent me permet de *créer un environnement* agréable, dans lequel *les gens se sentent à l'aise et bien accueillis.*
...	...
Passions	
Écrire	J'aime tant écrire parce que je peux *créer des univers* de toutes pièces. Que ça me permet de *m'évader*, de *me sentir libre* d'*être seule.*
Recevoir	Ce que j'aime le plus dans le fait de recevoir, c'est de *me sentir reconnue et appréciée.* *Faire en sorte que les gens se sentent bien.*
Cuisiner	J'aime cuisiner seule parce que ça me permet de *m'évader.* Parce que ça *fait plaisir aux personnes* pour qui je cuisine. Parce que je j'aime *inventer des recettes.* J'aime aussi cuisiner avec mes enfants, parce que ça me permet de *partager une activité avec eux.*
Décorer ma maison, dresser de jolies tables	J'aime tant décorer parce que j'aime que *les gens se sentent bien* quand ils viennent chez moi. Parce que ça me permet de *créer des petits mondes.*
...	...
Rêves	

Fondre le Plomb : exemple (suite)

Ouvrir une chambre d'hôtes	Ce serait important pour moi parce que je pourrais *être entourée de personnes nouvelles et différentes.* Parce que je pourrais faire en sorte qu'*ils se sentent bien en prenant soin d'eux.*
Écrire un roman	Ce qui m'attire particulièrement, c'est de pouvoir m'accorder des *moments de solitude.* De pouvoir *m'évader*, dans les *univers que j'aurais créés.* De pouvoir *être publiée, donc reconnue.*
Avoir une maison au bord de l'eau	Ce qui m'attire particulièrement dans le fait d'avoir une maison au bord de l'eau, c'est d'être *au contact de la nature, être tournée vers l'extérieur.* C'est de vivre une *vie calme et sereine.* C'est important pour moi parce que je veux que *mes enfants grandissent dans un environnement paisible.*
...	...
Valeurs	
Empathie	L'empathie est importante pour moi parce que c'est ce qui me permet de *me sentir reliée aux autres.* Parce que c'est *ce qui permet aux autres de se sentir compris et de se sentir bien en ma présence.*
Générosité	La générosité est importante, parce que pour moi, c'est la qualité première *des gens « biens », bons et tournés vers les autres*
Partage/ transmission	Ces valeurs sont importantes pour moi parce que cela relève du *don de soi.* Parce que c'est par la transmission et le partage que *l'on grandit et que l'on fait grandir.*
...	...
Conditions de Vie/Travail Idéales	
Pouvoir avoir du temps pour moi	C'est important parce que j'ai *besoin de solitude pour me ressourcer*, et pour *être mieux après avec les autres.*

Fondre le Plomb : exemple (suite)

Avoir du temps pour m'occuper de mes enfants	C'est important pour moi parce que c'est *l'éducation de mes enfants est ma grande priorité.*
Ne pas avoir de patron	C'est important pour moi parce que j'ai *besoin de liberté*, et de *faire les choses comme je l'entends.*
Travailler à mon compte, mais pas seule	C'est important pour moi de travailler à mon compte mais pas seule parce que j'ai en même temps *besoin de gérer mon travail comme je le souhaite* mais que j'ai aussi vraiment *besoin d'être entourée*, d'avoir des interlocuteurs vers qui me tourner pour mieux avancer.
...	...

Pour remplir le tableau suivant, listez d'abord vos Essences (deuxième colonne).

Affectez-leur un numéro (première colonne) ou une couleur pour les regrouper.

Reproduisez le résultat dans la troisième colonne par groupe d'Essences.

Faire décanter les Essences : exemple

	Essences	Groupes d'Essences
(1) (1) (1) (1) (1) (2) (3) (1) (4) (5) (1) (4) (4) (4) (5) (3) (1) (5) (4) (1) (2) (7) (1) (1)	- présente pour les autres - je les accueille dans ce qu'ils sont, qu'ils se sentent bien en ma présence - relation profonde et authentique - ouverte aux autres - partager des idées, des émotions avec les autres - besoin d'être entourée, - être appréciée -faire plaisir aux autres. - avoir du temps pour moi - créer un environnement où les gens se sentent à l'aise et bien accueillis - me sentir libre - m'évader - être seule - créer des univers - me sentir reconnue et appréciée, - faire en sorte que les gens se sentent bien - inventer des recettes - m'évader - fait plaisir aux personnes - partager une activité avec eux (mes enfants) - les gens se sentent bien - créer des petits mondes	**Groupe d'Essences 1** - faire plaisir aux autres. - présente pour les autres - je les accueille dans ce qu'ils sont, qu'ils se sentent bien en ma présence - relation profonde et authentique - ouverte aux autres - partager des idées, des émotions avec les autres - les gens se sentent à l'aise et bien accueillis - faire en sorte que les gens se sentent bien - fait plaisir aux personnes - les gens se sentent bien - ce qui permet aux autres de se sentir compris et de se sentir bien en ma présence - des gens « biens », bons et tournés vers les autres - don de soi - on grandit et que l'on fait grandir - être mieux après avec les autres - qu'ils se sentent bien en prenant soin d'eux
(4) (4) (5) (3) (6) (6) (6) (7) (2)	- moments de solitude - m'évader - univers que j'aurais créés - être publiée, et donc reconnue - au contact de la nature, être tournée vers l'extérieur, - vie calme et sereine - mes enfants grandissent dans un environnement paisible - me sentir reliée aux autres	**Groupe d'Essences 2** - besoin d'être entourée, - partager une activité avec eux (mes enfants) - me sentir reliée aux autres - besoin d'être entourée - être entourée de personnes nouvelles et différentes
(1) (1) (1) (1) (4)	- ce qui permet aux autres de se sentir compris et de se sentir bien en ma présence - des gens « biens », bons et tournés vers les autres - don de soi - on grandit et que l'on fait grandir - besoin de solitude pour me ressourcer	**Groupe d'Essences 3** - être appréciée - me sentir reconnue et appréciée, - être publiée, et donc reconnue

Faire décanter les Essences : exemple (suite)

  (7) (4) (4) (4) (2) (1) (1) (2)	- être mieux après avec les autres - l'éducation de mes enfants est ma grande priorité - besoin de liberté - faire les choses comme je l'entends - besoin de gérer mon travail comme je le souhaite - besoin d'être entourée - qu'ils se sentent bien - en prenant soin d'eux - être entourée de personnes nouvelles et différentes	**Groupe d'Essences 4** - avoir du temps pour moi - me sentir libre - m'évader - être seule - m'évader moments de solitude - m'évader - besoin de solitude pour me ressourcer besoin de liberté - faire les choses comme je l'entends - besoin de gérer mon travail comme je le souhaite
		Groupe d'Essences 5 - créer un environnement - créer des univers - inventer des recettes - créer des petits mondes - univers que j'aurais créés
		Groupe d'Essences 6 - au contact de la nature, être tournée vers l'extérieur, - vie calme et sereine - mes enfants grandissent dans un environnement paisible
		Groupe d'Essences 7 - l'éducation de mes enfants est ma grande priorité -partager une activité avec eux (mes enfants) - mes enfants grandissent dans un environnement paisible

Regarder l'Or apparaître : exemple

Groupes d'Essences	Thèmes récurrents (l'Or)
Groupe d'Essences 1 - faire plaisir aux autres. - présente pour les autres - je les accueille dans ce qu'ils sont, qu'ils se sentent bien en ma présence - relation profonde et authentique - ouverte aux autres - partager des idées, des émotions avec les autres - les gens se sentent à l'aise et bien accueillis - faire en sorte que les gens se sentent bien - fait plaisir aux personnes - les gens se sentent bien - ce qui permet aux autres de se sentir compris et de se sentir bien en ma présence - des gens « biens », bons et tournés vers les autres - don de soi - on grandit et que l'on fait grandir - être mieux après avec les autres - qu'ils se sentent bien en prenant soin d'eux	**Thème 1** PRENDRE SOIN DES AUTRES *Ce que ça m'évoque, ce dont je prends conscience :* C'est quelque chose que j'ai toujours fait naturellement et qui me comble. Je suis tout de même étonnée de voir à quel point c'est une dimension récurrente dans mes propos, et dans ma vie...
Groupe d'Essences 2 - besoin d'être entourée - partager une activité avec eux (mes enfants) - me sentir reliée aux autres - besoin d'être entourée - être entourée de personnes nouvelles et différentes	**Thème 2** BESOIN D'ÊTRE ENTOURÉE *Ce que ça m'évoque, ce dont je prends conscience :* Cela me rappelle à quel point une activité professionnelle solitaire n'est pas une bonne idée pour moi. Même si j'ai aussi cette tendance naturelle au repli sur moi, je ne dois pas oublier que c'est au travers de mes contacts avec les autres que je m'épanouis vraiment...

Regarder l'Or apparaître : exemple (suite)

Groupe d'Essences 3 - être appréciée - me sentir reconnue et appréciée, - être publiée, et donc reconnue	**Thème 3** BESOIN DE RECONNAISSANCE *Ce que ça m'évoque, ce dont je prends conscience :* C'est vrai que c'est un besoin très présent en moi. Et l'activité que je choisirai devra me permettre de recevoir régulièrement compliments et approbations, sans quoi je ne me sentirai pas bien...
Groupe d'Essences 4 - avoir du temps pour moi - me sentir libre - m'évader - être seule - m'évader - moments de solitude - m'évader - besoin de solitude pour me ressourcer - besoin de liberté - faire les choses comme je l'entends - besoin de gérer mon travail comme je le souhaite	**Thème 4** AUTONOMIE / LIBERTÉ / INDÉPENDANCE *Ce que ça m'évoque, ce dont je prends conscience :* Petit électron libre que je suis... Il faut que j'arrête de tenter de rentrer dans un moule. Tenter de me conformer à un cadre trop rigide, c'est manquer de respect pour ce que je suis et c'est me condamner une vie trop petite, lassante et épuisante...
Groupe d'Essences 5 - créer un environnement - créer des univers - inventer des recettes - créer des petits mondes - univers que j'aurais créés	**Thème 5** CRÉATIVITÉ / IMAGINATION *Ce que ça m'évoque, ce dont je prends conscience :* Cela me rappelle à quel point je laisse une place bien trop étroite à ces dimensions dans mon existence, alors que j'en ai un besoin fou, que je fonctionne comme ça, et que si je ne consacre pas davantage de temps aux activités qui me permettent de me servir de ces talents, je vais m'étioler...

Regarder l'Or apparaître : exemple (suite)

Groupe d'Essences 6	**Thème 6** RYTHME ET CADRE DE VIE SEREINS
- au contact de la nature, être tournée vers l'extérieur, - vie calme et sereine - mes enfants grandissent dans un environnement paisible	*Ce que ça m'évoque, ce dont je prends conscience :* Ça ne me va décidément pas bien, la ville. Il faut que je trouve une solution pour pouvoir, si ce n'est d'habiter à plein temps à la campagne, au moins y retourner régulièrement pour me ressourcer...
Groupe d'Essences 7	**Thème 7** PRENDRE SOIN DE MES ENFANTS
- l'éducation de mes enfants est ma grande priorité -partager une activité avec eux (mes enfants) - mes enfants grandissent dans un environnement paisible	*Ce que ça m'évoque, ce dont je prends conscience :* Bien sûr, prendre soin de mes enfants. Avant toute autre chose. La priorité des priorités. Ne pas laisser le quotidien rentrer dans une banalité éducative. Ne pas perdre de vue une seconde combien mes enfants sont extraordinaires...

Pas d'exercice extérieur pour cette semaine, les exercices intérieurs sont suffisamment denses !

VOTRE JOURNAL DE BORD

Revisitez chaque exercice intérieur et extérieur, et répondez à ces 5 questions :

- Qu'avez-vous ressenti en faisant chacun des exercices ?
- Qu'avez-vous découvert ou redécouvert sur vous ?
- Avez-vous été surpris par quelque chose ?

☞

☞

- Qu'avez-vous appris ?
- De quoi avez-vous pris conscience ?

Vous pouvez aussi dépasser le cadre de ces questions et dresser votre propre bilan personnalisé.

La semaine prochaine,
même si vous n'aimez pas les maths,
je pense que vous allez adorer mon équation...

Semaine 10

UNE FORMULE (PRESQUE) MAGIQUE

Ou comment générer des idées plus vite que votre ombre…

UN PEU DE THÉORIE

Nous arrivons aujourd'hui à une étape essentielle et passionnante : l'étape des **Idées**. Un des plus jolis, puissants, enthousiasmants, concepts qui soit.

Sociologiquement, nous sommes passés en quelques décennies de l'ère Industrielle à l'ère de l'Information ; et maintenant, je dirais que nous arrivons dans l'ère des Idées. Et ça, c'est une très bonne nouvelle !

On entend parfois des gens soumettre une vision et puis ajouter aussitôt avec résignation « Oui, enfin, c'est juste une idée. » JUSTE une idée ? Mais c'est EXCEPTIONNEL une idée ! C'est la base de **tout**.

Oliver Wendell Holmes a dit :

> « Un esprit étiré par une nouvelle idée
> ne reprend jamais sa taille initiale. »

C'est une des phrases les plus motivantes et les plus justes que je connaisse. Relisez-la bien.

Pourquoi croyez-vous que je vous aie demandé de faire tout un tas d'exercices destinés à développer les talents de votre hémisphère droit, à vous reconnecter à votre créativité, à votre capacité d'émerveillement et de curiosité ?

Oui, pourquoi ? Outre le fait (tout à fait majeur) de reprendre contact avec votre Moi Extraordinaire, je vous ai donné ces exercices pour que vous puissiez avoir – plus facilement et en plus grand nombre – des **Idées**.

Quand on a des idées, d'accord il faut ensuite les mettre en place, il faut un plan d'action, il faut réunir les ressources nécessaires, mais je dirais que toute cette partie logistique et stratégique est la partie la plus simple (je n'ai pas dit « facile », j'ai dit « simple »). Le plus complexe, c'est de trouver l'idée ou les idées avec un grand I.

C'est-à-dire les idées d'activités professionnelles qui vous iront parfaitement, qui seront taillées sur mesure à votre personnalité et qui, de ce fait, vous procureront toute l'énergie dont vous aurez besoin pour les réaliser, pour les concrétiser.

C'est la clé de la motivation. C'est **ici** qu'elle se trouve ; votre puits sans fond de courage et d'envie siège dans l'Idée faite pour vous. Si vous avez la vraie bonne Idée, le reste suivra.

Comme l'a dit Paul Hawken, et je suis bien d'accord avec lui :

> « L'argent suit les idées.
>
> L'argent ne crée rien du tout, contrairement aux idées.
>
> L'argent va là où les idées sont. »

On ne sait jamais où peut se cacher une bonne idée

Une chose est sûre : le meilleur moyen d'avoir une bonne idée, c'est d'avoir beaucoup d'idées. C'est ce à quoi vous allez vous atteler aujourd'hui. Vous allez, au travers des exercices qui suivent, générer le plus d'idées possibles. Même (et surtout !) folles, illogiques, bizarres. Parce qu'il arrive régulièrement que les meilleures idées se cachent au cœur de l'incongru, du décalage et de l'étrangeté.

Donc, la créativité est à la fête cette semaine (ainsi que la semaine suivante.) Mais la créativité, qu'est-ce que c'est finalement ? En fait ce n'est rien de plus que de prendre des informations connues et de les combiner de façons étonnante, nouvelle, incongrue, bizarre, pour créer quelque chose de nouveau qui est utile, plaisant, intéressant.

L'écrivain Susan Goodman dit ceci :

> « Le processus créatif est une forme de gymnastique mentale qui englobe et fait appel à différents modes de pensées – la connaissance et l'imagination, la logique et l'intuition. Les résultats peuvent être aussi bouleversants que la Théorie de l'Évolution – ou plus quotidiens comme une nouvelle recette, ou encore les interventions inspirées que vous mettez en place pour éviter que vos enfants ne s'entretuent. »

Vous êtes sur le point de vous diriger vers une perspective absolument euphorisante : créer une idée d'activité professionnelle qui soit faite pour vous, qui vous aille comme un gant, qui reflète ce que vous êtes.

Alors, allez-y ! Je veux entendre jusqu'ici le son doux et vivifiant des idées qui arrivent dans vos têtes et qui claquent comme du pop-corn.

Faites chauffer votre cerveau droit...

BEAUCOUP DE PRATIQUE

Exercices intérieurs

Vos « Écritures Automatiques »

CON-TI-NU-EZ ! Ne lâchez pas ! Vous ne recevrez pas de Médaille du Mérite pour ce courageux travail (bien qu'elle vous revienne de droit) mais votre Moi futur vous dira merci.

Allez, une page par jour.

Trouvez des idées !

Les exercices qui suivent sont progressifs et doivent être faits dans l'ordre.

Avant d'arriver à la formule (presque !) magique pour générer des idées d'activités professionnelles, vous allez prendre en compte successivement ces différentes dimensions :

- Qui ?
- Où ?
- Comment ?
- Quoi ?

Si vous avez besoin d'exemples pour effectuer les exercices à venir, vous pouvez en télécharger sur le site www.faiscequilteplait.com.

Ne traînons pas, ne traînons pas, on ne doit pas faire attendre les idées !

Qui ?

Avec qui/Pour qui/À destination de qui aimeriez-vous travailler ? Il est essentiel de réfléchir et de déterminer les personnes avec/pour lesquelles vous auriez grand plaisir/vocation à exercer votre/vos activit(é)s. Quel est votre « public », votre client/usager idéal, par qui êtes-vous touché/qui voulez-vous toucher ? Votre travail ne résonnera pas en tout le monde, et vous n'aurez pas forcément envie de vous adresser à tout le monde, et c'est très bien comme ça.

1. Pour vous aider à trouver votre Qui (qui peuvent être plusieurs Qui), répondez d'abord aux questions suivantes. (Soyez le plus précis possible dans vos Qui : par exemple, si la première idée qui vous vient en tête est « les enfants », cherchez plus précisément : tous les enfants ? Ou bien, les enfants de 6 à 12 ans, les enfants en difficulté scolaire, en surpoids, présentant un trouble de l'attention... Les possibilités sont presque infinies, ce ne sont que des exemples pour vous montrer la nécessité et l'intérêt de « creuser » ses idées premières et de chercher le plus de précision possible)

- Qui voudriez-vous aider/servir ?
- Qui voudriez-vous inspirer ?
- Quels sont les « types » de personnes avec lesquelles vous vous sentez naturellement bien ? Vous-même ?
- À quels problèmes de quels types de groupes démographiques aimeriez-vous apporter des solutions (au travers de services ou de produits) ?
- Quel(s) serai(en)t selon vous le(s) point(s) commun(s) de tous les individus qui se tourneront vers vos services/produits ?
- De quelles personnes aimeriez-vous améliorer/impacter la vie ?

- Quels seraient les centres d'intérêt de votre public idéal ?
- Quelles seraient les aspirations, les rêves de votre public idéal ?
- Quelle pourrait-être la tranche d'âge/le genre/de votre public idéal ? (Et il est possible que l'âge ou le genre ne vous importe pas.)
- Quelle serait la vision de la vie de votre public idéal ?
- Quels seraient les obstacles/difficultés rencontrés par votre public ?
- Quelles seraient les frustrations de votre public idéal ?
- Quels seraient les espoirs de votre public idéal ?
- Quels sont les 3 problématiques dans le monde auxquelles vous aimeriez vraiment contribuer ? (Soyez spécifique.)
- Quels seraient les besoins de votre public idéal ?
- *Qu'est-ce que les précédentes questions vous apprennent sur votre public idéal ?*

Pour vous aider à trouver des idées de public idéal, vous pouvez télécharger une liste de groupes démographiques sur le site www.faiscequilteplait.com.

2. Maintenant, pour que vous puissiez encore affiner votre Qui et commencer à imaginer des idées d'activités, essayez de combiner plusieurs des groupes démographiques qui sont ressortis des questions précédentes, et notez les idées que cela vous évoque.

Exemple

Vous pourriez combinez « femmes » + « entrepreneurs », « cadres stressés » + « trentenaires »..., et noter les idées de publics et d'activités qui vous viennent.

Où ?

Où aimeriez-vous travailler ? Le principe est le même que pour les groupes démographiques. Quel est votre « habitat naturel (ou vos habitats naturels) ? Dans quel(s) lieux vous sentez- vous bien ou avez-vous l'intuition que vous vous sentiriez bien ?

Vous trouverez ci-dessous une liste d'idées de lieux, données à titre indicatif. Ce référencement est forcément incomplet. À vous de compléter.

Comme pour l'exercice précédent :

- Définissez un/des lieu(x) dans le(s)quels vous aimeriez travailler
- Combinez entre eux plusieurs des items que vous aurez choisis (cela va vous paraître certainement moins évident que pour les groupes démographiques mais des idées intéressantes peuvent émerger).

Exemple

« crèche » + « hôtel particulier », ou « caserne » + « Afrique » + « voiture », ou encore « cabane » + « montagne » + « boutique ».

Et une fois de plus, ne vous limitez pas. Prenez ça comme un jeu, comme un casse-tête, comme un puzzle.

Où aimeriez-vous travailler ?

- école maternelle/primaire
- collège/lycée/université
- théâtre (sur une scène/en coulisses)
- salle de cinéma/plateau de cinéma
- hôpital/clinique/dispensaire
- entreprise
- chez moi
- chez des particuliers
- bateau (péniche, bateau de croisière, yacht, bateau de pêche...)
- stade
- salle de conférence
- parc d'attraction
- zoo
- commissariat
- parc
- forêt
- maison de retraite
- café/bar/restaurant/boîte de nuit
- boutique
- marchés
- patinoire
- hôpital psychiatrique
- studio d'enregistrement
- à la campagne
- à la montagne
- à la mer
- dans le désert
- en France
- à l'étranger (Asie, Afrique, Amérique...)
- dans la rue
- sur les toits
- dans un bureau

- jardinerie
- jardins
- château
- salle de concert
- funérarium
- aquarium
- salon de coiffure
- animalerie
- spa
- hôtels
- hôtel particulier
- avion/hélicoptère/planeur...
- crèche/garderie
- parking
- sous-sol/grottes
- parfumerie
- voiture/bus/vélo
- caserne
- building
- cabane/tente/refuge...
- casino
- supermarché
- maison d'hôte
- océan
- plage
- monastère/abbaye/couvent...
- temple/synagogue/église...
- librairie
- bibliothèque
- salon de thé
- pâtisserie
- circuit automobile
- garage
- laboratoire
- planétarium
- phare
- sous-marin
- ...

Comment ?

Je vais évoquer le « Comment » avant le « Quoi », tout simplement parce que cela pourra vous aider à générer des idées pour l'exercice suivant.

On imagine souvent de prime abord qu'il n'existe qu'une façon de transformer une passion en activité professionnelle : l'exercer de façon directe. C'est évidemment une possibilité, mais il en existe bien d'autres.

D'après la classification élaborée par Paul & Sarah Edwards[1] voici les 10 façons principales de travailler à partir de ce que vous aimez :

Vous pouvez :

1. **Faire** ce que vous aimez.
2. **Procurer un service** à d'autres qui font ce que vous aimez.
3. **Enseigner** à d'autres personnes comment faire ce que vous aimez.
4. **Écrire** sur ce que vous aimez.
5. **Parler** de ce que vous aimez.
6. **Créer un produit** en rapport avec ce que vous aimez.
7. **Vendre** ce que vous aimez.
8. **Promouvoir** ce que vous aimez.
9. **Consulter/expertiser** sur ce que vous aimez.
10. **Réparer, restaurer** ce que vous aimez.

Et vous pouvez, bien sûr, tout faire à la fois, ou combiner certaines de ces possibilités ; à votre guise !

Pour explorer le Comment :

1. Paul & Sarah Edwards, *Finding your perfect work,* Tartcher/Putman, 2003.

Reprenez toutes vos sources d'enthousiasme.

Puis passez chacune d'entre elles au travers de cette « grille », de cette classification, et notez les idées qui émergent.

Exemple

Si vous êtes intéressé par la peinture, vous pourriez (ce ne sont que quelques possibilités parmi tant d'autres !) :

– Peindre vous-même.
– Être agent artistique pour peintres.
– Animer des ateliers de peintures.
– Écrire un livre sur la peinture (méthode d'apprentissage, exposé historique...).
– Donner une conférence sur la peinture (d'un point de vue historique, technique...).
– Créer une ligne de pinceaux particuliers.
– Ouvrir ou travailler dans une galerie.
– Mettre en place des journées portes ouvertes, faire venir des peintres dans les écoles.
– Expertiser des tableaux dans le cadre de ventes aux enchères.
– Restaurer des toiles ou des encadrements.

Quoi ?

Pour déterminer le « Quoi », c'est-à-dire le contenu de vos activités professionnelles, vous allez, comme pour les exercices précédents, combiner plusieurs items. Mais ici, vous allez vous servir de la liste des passions et des dons que vous avez synthétisés la semaine dernière.

Vous allez procéder comme ceci :

- Dans un premier temps, **prenez en compte vos sources d'enthousiasme.** Combinez-les deux à deux et notez toutes les idées d'activités qui peuvent vous venir à l'esprit, même les plus insolites.

Exemple

« Jardinage » + « informatique » → idées : créer un site internet consacré au jardinage ; publier une newsletter sur les plantes rares, construire un forum payant pour les jardiniers professionnels. Ou « écriture » + « animaux » → idées : écrire un livre sur la psychologie des chiens, écrire une rubrique hebdomadaire dans un magazine destiné aux soigneurs animaliers....

- Puis **prenez en compte vos talents** et, comme pour les passions, combinez les deux à deux et notez les idées qui émergent.

Exemple

« Transmettre » + « peindre » → idées : donner des cours de peinture à des enfants. Ou « cuisiner » + « décorer » → idées : devenir designer de pièces montées gâteaux, ou photographe de plats pour des magazines culinaires.

- Enfin, **combinez passions et talents** et notez toujours les idées qui vous parviennent.

Exemple

« Écriture » + « cuisine » → idées : critique culinaire dans un magazine, ou « écriture » + « cuisiner» + « jardinage » rédaction d'un livre de recette à base d'herbes aromatiques et de plantes rares...

Faites autant de combinaisons que possibles.

Vous ne pourrez pas faire toutes les combinaisons possibles. Vous y passeriez des mois ou des années. Fiez-vous à votre intuition et arrêtez-vous quand vous sentez que vous avez suffisamment d'idées intéressantes.

Parfois, il peut arriver qu'aucune idée ne surgisse. Et parfois, plusieurs se bousculeront dans votre esprit. Ce sera bon signe ; vous pourrez particulièrement retenir cette combinaison.

Et notez aussi que, si dans un premier temps vous n'avez pas d'idée concernant une association, cela ne signifie pas que vous n'en aurez jamais. Le fait que vous ayez consciemment créé cette combinaison l'ancre en vous et la place dans le domaine des possibles.

« Élargissez » vos idées

Pour vous donner encore davantage d'idées, vous pouvez télécharger une liste d'activités insolites/rares/étonnantes sur le site www.faiscequilteplait.com.

La formule (presque) magique du travail idéal

Maintenant que vous avez trouvé des idées de groupes démographiques, de lieux, que vous avez associé vos passions et vos dons et que vous avez testé (dans votre esprit !) différentes manières de travailler autour de vos centres d'intérêts, l'heure est venue d'appliquer la formule (presque !) magique suivante :

$$\text{Travail idéal} = \frac{\text{Passions} \times \text{Dons} \times \text{Qui} \times \text{Où} \times \text{Comment}}{\text{Conditions de Vie/Travail idéales} + \text{Valeurs} + \text{Or}}$$

Comme vous pouvez le voir, cette formule est composée de deux parties. Et nous allons aborder chaque partie l'une après l'autre.

Première étape. Comme vous l'avez fait pour les deux exercices précédents, vous allez combiner, croiser les différents items de la première partie de la formule :

Passions × Dons × Qui × Où × Comment

Le fait de croiser toutes les catégories en même temps vous permettra de générer des idées nouvelles et plus complètes.

Exemple

« Jardinage » × « talent pour la décoration » × « personnes aisées » × « château » × « organiser » → idées : organiser des repas pour des mariages, dans des châteaux, et concevoir des décorations florales étonnantes.

Vous pouvez par la suite « complexifier » un peu votre formule (toujours dans la perspective de générer davantage d'idées) en combinant plusieurs dons, passions, et/ou groupes démographiques et/ou lieux.

Exemple

(« Informatique » × « écriture ») × « talent pour la cuisine » × (« enfants » × « en surpoids ») × « école » × (« créer un produit » ou « enseigner ») → idées : concevoir, à destination des écoles, un CD-Rom de recettes drôles et équilibrées pour prévenir le surpoids chez l'enfant.

Deuxième étape. Relisez maintenant toutes les idées que vous avez eues. Puis choisissez (le nombre n'est pas limité !) toutes celles qui suscitent en vous un vrai enthousiasme, qui vous font sourire, qui créent une émulation, une excitation, qui vous donneraient déjà envie d'y être.

C'est le moment de leur faire passer **Le Grand Test**. Et ce test, c'est la deuxième partie de la formule :

Conditions de Vie/Travail idéales + Valeurs + Or + Mission

Reprenez les listes de :

- vos conditions de vie/travail idéales,
- vos valeurs,
- votre Or (c'est-à-dire les thématiques récurrentes que vous avez mis en lumière la semaine dernière),
- Votre Mission.

Relisez-les bien, imprégnez-vous en bien. C'est vous que vous êtes en train de lire, l'Essence de votre personnalité, le cœur de votre identité.

C'est essentiel, et c'est pour ça que **toutes** vos idées (celles-ci et toutes celles à venir) doivent être évaluées, testées, à la lumière de ces éléments. Donc, pour chaque idée d'activité :

- Vous allez vous demander si elle passe bien Le Grand Test.
- Si oui, retenez-la.
- Si non, demandez-vous si vous pouvez transiger avec certains éléments :
  - Si vous le pouvez sans que cela constitue un renoncement trop difficile, gardez cette idée (ce qui ne veut pas non plus dire que vous allez forcément la concrétiser).
  - Si vous ne le pouvez pas, alors éliminez cette idée, ou en tout cas, mettez-la de côté pour l'instant, et passez à une autre.

Exercices extérieurs

Partez en exploration (quatrième partie)

Pour avoir une idée d'activité professionnelle épanouissante, on peut la créer, comme on vient de le voir, et on peut aussi la chercher dans une « banque » d'idées existantes.

L'exploration de cette semaine va vous permettre de faire un inventaire des métiers existants et de voir si, et dans quelle mesure, une ou plusieurs activités « recensées » pourraient vous convenir.

Vous trouverez sur le site www.faiscequilteplait.com des références de sites dans lesquels vous pourrez consulter des annuaires de métiers.

- Lisez les métiers les uns après les autres, par ordre alphabétique, sans forcément procéder par secteur. De cette manière, vous n'en loupez aucun.
- Notez tous les métiers qui éveillent votre curiosité, qui vous attirent.
- Puis quand vous aurez fini votre liste, relisez-la et retenez les activités qui semblent réellement vous intéresser.
- Faites une recherche approfondie sur celles-ci.
- Et enfin, vérifiez si **elles passent Le Grand Test.**

Et pour compléter cette rechercher internet, vous pouvez aussi consulter les guides ONISEP (que vous pouvez trouver en librairie ou dans des centres d'orientation)

Créez votre/vos fiches de poste idéale(s)

Si vous êtes actuellement en activité :

- Analysez précisément votre travail actuel, et listez toutes les tâches/activités dont vous avez la charge.
- Rédigez votre fiche de poste (la fiche réelle, basée sur vos activités effectives, pas forcément la fiche de poste pour laquelle vous avez postulez)

- Maintenant, listez les tâches/activités qui vous prennent de l'énergie, qui vous ennuient, que vous souhaiteriez ne plus faire du tout.
- Listez les tâches qui vous ennuient mais que vous pourriez tolérer de faire.
- Listez les tâches que vous aimez, que vous faites, mais pas assez à votre goût et que vous aimeriez faire davantage.
- Listez les tâches que vous aimez et que vous faites suffisamment à votre goût.
- Listez les tâches que vous aimez et ne faites pas du tout, et que vous aimeriez faire (par exemple, pensez à des tâches que font certains de vos collègues et que vous « enviez », ou des tâches/activités qui n'existent tout simplement pas (encore) dans votre entreprise)
- Rédigez une nouvelle fiche de poste avec ces éléments, votre fiche de poste idéal.
- Cherchez quel(s) métier(s) ou quel(s) poste(s) (à l'intérieur ou à l'extérieur de votre entreprise actuelle) pourrai(en)t se rapprocher de votre fiche de poste idéal.

Si vous n'êtes pas actuellement en activité :
Faites le même exercice à partir de votre dernier emploi.

Si vous n'avez encore jamais été en activité :

- Imaginez et rédigez simplement la/les fiches de poste(s) sur lesquelles vous adoreriez « tomber » durant votre recherche d'emploi
- Recherchez quel(s) métier(s) ou quel(s) poste(s) pourrai(en)t se rapprocher de votre fiche de poste idéal.

Votre « Recueil/Tableau d'Euphorie »

Il est temps de reprendre votre Recueil/Tableau d'Euphorie !

Recueillez des éléments symboliques que vous évoqueront les idées que vous aurez trouvées cette semaine, au travers des Exercices intérieurs.

Souvenez-vous que vous devez éprouver du plaisir, de la motivation, de l'exaltation en collectant ces éléments.

Puis, à la fin de la semaine, recueillez/accrochez à votre Recueil/Tableau d'Euphorie les items qui vous font vraiment vibrer, ceux qui représentent des activités qui vous plairaient vraiment et dont vous aimeriez réellement vous rapprocher.

Votre interview

Cette semaine, vous allez glisser/accrocher une feuille bien particulière dans votre Recueil/Tableau d'Euphorie : votre propre interview.

Prenez une feuille, collez-y une photo de vous que vous aimez bien. Puis, comme dans le cadre d'une interview classique (relisez-en quelques-unes dans des magazines que vous appréciez ou prenez modèle sur l'exemple de la page suivante), faites-y figurer :

- **une citation** marquante et représentative de vos propos ;
- **un chapô,** qui est une sorte de présentation, d'accroche de l'interview qui résume le sujet en quelques lignes ;
- **une introduction** qui « plante » le décor ;
- et bien sûr, **l'interview** en elle-même.

Pour la rédiger, vous allez imaginer que vous êtes interrogé (dans un magazine ou un journal que vous appréciez, et pourquoi pas par un journaliste que vous admirez) dans le cadre d'une de vos réussites professionnelles/personnelles (ou de plusieurs !).

Imaginez qu'on vous pose des questions sur le livre que vous venez de publier, sur vos sculptures fabuleuses, sur la rétrospective qui est organisée autour de vos œuvres. Imaginez qu'on vous félicite sur les bienfaits que vous avez amenés à votre village en ouvrant vos chambres d'hôtes, sur le travail essentiel que vous faites en donnant des cours de poterie à des enfants défavorisés...

Laissez se déployer vos idées, vos aspirations, vos rêves.

Imaginez les questions (une dizaine) que vous pose le journaliste et, bien sûr, répondez-y. Vous devez donc conjointement être dans la peau du journaliste et dans la vôtre.

Pour trouver le thème de l'interview, servez-vous des réponses que vous avez compilées la semaine dernière. Choisissez ce qui vous tient vraiment à cœur, ce que vous aimeriez être, ce qu'il vous passionnerait de faire. Imprégnez-vous de ce rêve, de ces passions, de ces talents et imaginez que vous y êtes, que c'est tout de suite, que c'est maintenant.

Transcrivez dans cette interview à quel point ces activités sont faites pour vous, à quel point vous les exercez avec fluidité et réussite. Vous pouvez aussi, au travers des questions du journaliste, évoquer les difficultés que vous avez rencontrées pour en arriver là, mais surtout et essentiellement, parlez avec de délicieux détails de la joie que vous éprouvez à être dans cette nouvelle vie et à vous prêter à ces nouvelles activités.

Lorsque vous aurez terminé, glissez cette interview dans votre Recueil ou accrochez fièrement cette interview à votre Tableau et **relisez-la de temps en temps**.

Pour découvrir des exemples d'interview, vous pouvez en télécharger sur le site www.faiscequilteplait.com.

VOTRE JOURNAL DE BORD

Revisitez chaque exercice intérieur et extérieur, et répondez à ces 5 questions :

- Qu'avez-vous ressenti en faisant chacun des exercices ?
- Qu'avez-vous découvert ou redécouvert sur vous ?
- Avez-vous été surpris par quelque chose ?
- Qu'avez-vous appris ?
- De quoi avez-vous pris conscience ?

Vous pouvez aussi dépasser le cadre de ces questions et dresser votre propre bilan personnalisé.

La semaine prochaine,
vous allez choisir les idées vraiment faites pour vous.

ALICIA MONTGOMERY

Citation

" J'écris comme je cuisine: avec précision, légereté et gourmandise..."

Chapeau

Un peu plus, Alicia Montgomery serait restée cachée derrière ses fourneaux. Ses plats étaient divins, mais, nous, on se réjouit qu'elle ait rendu son tablier. Rencontre avec une délicieuse romancière.

Introduction

Alicia nous a donné rendez-vous dans son ancien restaurant. Lorsque nous arrivons, on nous dit qu'elle est partie en cuisine. Nous l'y trouvons un batteur électrique à la main. "Je prépare juste quelques meringues à la rose, je suis à vous tout de suite!"...

Semaine 11

TRIEZ ET TESTEZ VOS IDÉES

Choisissez les idées faites pour VOUS

UN PEU DE THÉORIE

Cette semaine, nous allons passer vos idées à travers de formidables filtres, pour identifier celles qui vous iront comme un gant. C'est parti !

Triez vos idées

Au travers des exercices précédents, vous avez pu générer des idées ; et probablement, de *nombreuses* idées.

Un premier tri a consisté à leur faire passer le Grand Test.

Nous allons maintenant compléter le tri.

Intensité d'enthousiasme, fréquence, durée, activité professionnelle et loisirs...

Vous remarquerez que toutes vos idées ne suscitent pas exactement le même enthousiasme en vous, que certaines vous euphorisent, que d'autres vous attirent beaucoup mais avec plus de modération, que d'autres encore vous plaisent finalement peu. Ou que certaines vous plaisent mais que vous n'imaginez finalement pas mises en œuvre par vous-même. (Vous aimez l'idée pour l'idée mais pas pour vous, pour quelqu'un d'autre.)

Vous remarquerez aussi que, même dans les idées qui vous plaisent beaucoup, vous n'aurez pas forcément besoin, pour satisfaire votre enthousiasme, d'y consacrer le même temps ou la même fréquence. Vous pourrez par exemple envisager de faire telle activité tous les jours, 7 h par jour, telle autre 3 h par semaine, telle autre 3 fois par an pendant une semaine.

De la même façon, vous noterez que vous aimeriez volontiers transformer certaines d'entre elles en activités professionnelles, et garder certaines autres pour votre sphère privée, en loisirs ou en bénévolat.

C'est selon ces paramètres que vous êtes sur le point de trier de nouveau vos idées. Et pour ce faire, vous allez lister toutes vos idées, puis remplir un tableau à 7 colonnes. Toutes les indications se trouvent dans les exercices intérieurs.

Testez vos idées

Mettre une idée à l'épreuve de la réalité

Une idée doit être mise à l'épreuve de la réalité car la représentation que l'on a d'un métier et sa réalité concrète peuvent diverger. Nous n'avons souvent en tête qu'une ou deux des tâches principales qui constituent une activité, et qui symbolisent pour nous cette activité. Nous pouvons oublier les autres.

Les éléments constitutifs d'un travail

Un métier est constitué d'une somme de sous-activités (de petites activités à l'intérieur de la grande Activité), et il faut connaître la teneur de chacune d'elle pour réellement connaître un métier, et leur succession/répartition dans la journée. Il faut comprendre l'essence et le rythme du métier.

Parce que si plus de 30 % des tâches qui constituent un métier ne nous plaisent pas, sont énergivores, la motivation que l'on a au départ au départ risque de ne pas tenir dans la durée. Et l'on a toutes les chances alors de retomber dans la spirale de l'ennui, de l'insatisfaction, de l'épuisement professionnel...

Il est donc essentiel d'identifier ces différentes tâches, ainsi qu'un ensemble d'autres éléments dont nous parlerons dans la partie pratique.

BEAUCOUP DE PRATIQUE

Exercices intérieurs

Vos « Écritures Automatiques »

Plus que deux semaines durant lesquelles vous allez devoir consacrer au moins une page par jour à vos Écritures Automatiques. Et qui sait, peut-être même que vous aurez envie de continuer au-delà !

Le tri

1. **Extrayez des exercices de brainstorming les différentes idées d'activités que vous avez générées.** Prenez-les toutes, listez-les, ne triez pas à cette étape-là.

2. **Classez/hiérarchisez les idées d'activités dans un tableau à sept colonnes :**

   – Activités que vous pourriez envisager d'effectuer en tant que « *good enough job* » (c'est un terme employé par Barbara Sher) ; c'est-à-dire une activité qui ne vous passionne pas mais qui n'est pas toxique pour vous, qui utilise certaines de vos compétences ou certains de vos talents, qui vous laisse du temps pour faire des choses qui vous plaisent vraiment en parallèle et qui, c'est le but de cette catégorie, vous rapporte un salaire, un filet de sécurité financier.

   – Activités que vous pourriez envisager d'effectuer en tant qu'activité principale (c'est-à-dire vos préférées) le plus tôt possible.

   – Activités que vous pourriez envisager d'effectuer en tant qu'activité principale (c'est-à-dire vos préférées) mais plus tard, à moyen ou long terme.

   – Activités que vous aimez beaucoup, mais un peu moins que les précédentes, qui pourraient plutôt être des activités secondaires, effectuables rapidement.

   – Activités que vous aimez beaucoup, mais un peu moins que les précédentes, qui pourraient plutôt être des activités secondaires, plus tard.

   – Activités à faire « comme ça », ponctuellement, si l'occasion se présente et qui peuvent apporter un « bonus » de revenu.

   – Activités a priori « loisirs/hobby ».

Donc, les six premières colonnes portent sur la sphère professionnelle, la septième sur la sphère « privée ».

Et pour faire ce tri, cela veut dire qu'il faut prendre chaque activité, et vraiment vous sonder, sentir ce que ça fait en vous quand vous pensez à cette activité, quelles sont les émotions générées ; en chassant le « comment » s'il pointe son nez.

Testez vos idées

Renseignez-vous « à fond » sur chacune des idées d'activités des colonnes 2 et 4 : (activités que vous pourriez envisager d'effectuer en tant qu'activité principale et secondaires, dès que possible) : Internet, livres, brochures, salons (s'il y en a, cela arrive), vidéos, émissions de radio, interviews...

Puis, pour chacune des idées d'activités sérieusement envisagées, identifiez :

- les différentes sous-activités/tâches qui constituent cette activité ;
- les horaires ;
- la fréquence (travail quotidien, saisonnier) ;
- la charge de travail (son « coût » :selon Jacques Leplat, « le **travail** est une activité et la **charge de travail** représente ce que coûte cette activité à celui qui la pratique. ») ;
- l'environnement ;
- le type de personnes pour/et avec lesquelles vous serez amené à travailler.

Dans un deuxième temps, mettez en lumière :

- les compétences techniques/les savoirs ;
- les qualifications nécessaires/ou non ;
- les formations qui préparent à l'acquisition des différentes compétences et/ou qualifications.

Faites la liste des idées que vous retenez finalement, au vu des explorations effectuées. Voyez si le tableau doit être adapté : telle idée doit-elle rester en activité principale, disparaître, être modifiée ou changer de catégorie ?

Ouvrir encore un peu plus les perspectives : une ou plusieurs activités ?

Je voudrais aborder un instant un sujet essentiel : le choix d'UNE activité professionnelle. C'est une assertion que beaucoup d'entre nous ont acquise, et depuis très longtemps : la croyance selon laquelle il faille trouver l'Activité professionnelle avec un grand A.

On nous dit peu (voire pas) qu'on peut avoir d'autres possibilités que le choix cornélien d'une unique vocation. On nous dit peu (voire pas) qu'on peut avoir plusieurs centres d'intérêts, plusieurs passions, et qu'on peut exercer plusieurs activités professionnelles en même temps.

Faire plusieurs choses est encore trop souvent synonyme de dilettantisme. Et pourtant, intégrer cette idée peut ouvrir des univers à certaines personnes qui ne sont pas faites pour n'avoir qu'une seule activité.

Il existe un proverbe mexicain qui dit :

> « La vie est courte mais elle est large. »

Cette phrase a modifié ma façon de me représenter le temps et l'espace. Comme beaucoup de personnes, je me représentais le temps comme une ligne qui avançait devant moi, mais plutôt étroite.

Depuis cette lecture, ma ligne s'est transformée en autoroute à quatre voies, elle s'est élargie, est passée en 16/9e. Et ça change beaucoup de choses, parce que je sais que je peux mener plusieurs activités en même temps.

Mais on peut également mener plusieurs activités *successivement*. Parce que, même si la vie est peut-être courte d'après ce même proverbe mexicain, dans les faits, elle peut aussi, Dieu merci, être longue ; Et l'on peut prendre plaisir à imaginer quelles activités différentes et successives on aimerait mener.

Je ne dis pas qu'avoir plusieurs activités – simultanées ou successives – soit **la** solution. Je veux juste vous montrer que c'est **une** solution. Que ça existe, que c'est possible, qu'on est libre de choisir cette voie de la pluralité si on le souhaite. Et c'est une perspective qui peut être tout à fait libératrice pour certaines personnes.

Dans cet exercice, nous allons stimuler votre créativité (un peu comme la semaine dernière) et votre pensée multilatérale.

À partir des idées listées dans votre tableau, essayez de voir dans quelle mesure vous pourriez imaginer d'exercer plusieurs activités, les juxtaposer ou les combiner. Voyez quel mélange serait idéal pour vous.

Testez, ne vous restreignez pas, écrivez toutes les combinaisons qui vous passent par la tête, sans les filtrer.

Exercices extérieurs

Jouez le jeu

Cette semaine, vous allez vous mettre dans la peau de votre Futur-Vous ; il n'est jamais trop tôt pour commencer...

Première partie. Vous allez imaginer que vous avez pris la décision de vous engager dans une activité (ou une combinaison d'activités) particulière. Choisissez l'activité (ou les activités) qui vous attire(nt) le plus. C'est une simulation, ne vous inquiétez pas, rien n'est gravé dans le marbre (et à vrai dire, rien n'est jamais véritablement gravé dans le marbre).

Faites comme si, immergez-vous dans cette idée. Vous allez totalement vous engager dans votre choix, mais pas forcément pour la vie ! Juste pour une durée située entre deux heures et une journée, selon votre disponibilité.

Abandonnez les « Et si.... (ça ne marchait pas, ce n'était pas la bonne voie, j'étais trop vieux, trop nul, trop pauvre...) ».

Dites-vous « Ok, ce n'est pas la peine de tergiverser parce que je ne peux pas revenir en arrière ; je vais enfin devenir danseuse du ventre ou potier, assistant virtuel, pilote... »

Souvenez-vous ; ce n'est que pour une durée très limitée !

Durant ce laps de temps, vous allez avancer activement et concrètement sur la route de la réalisation de votre objectif. Pour ce faire, demandez-vous :

Maintenant, quelles sont les premières étapes que je dois accomplir pour arriver jusque-là ?

Ensuite, je veux que vous regardiez vraiment dans votre annuaire, que vous appeliez un cours de danse du ventre, que vous vous renseigniez sur le prix d'un tour de potier, que vous alliez dans un aéro-club pour rencontrer des pilotes...

Pendant ce laps de temps, je veux que vous poursuiviez concrètement votre rêve.

Vous pouvez tout à fait renouveler plusieurs fois l'expérience, pour des activités professionnelles différentes. C'est une façon de tester ce que vous ressentez face à l'approche plus concrète de vos rêves.

Notez tout et glissez la feuille dans votre Recueil d'Euphorie.

Deuxième partie. Je vais maintenant vous proposer deux variantes : l'une pour les audacieux, et l'autre, pour ceux qui le sont peut-être un peu moins... Je vous conseille vivement la première, mais si vous ne vous sentez pas partant, ne vous forcez pas ; la seconde vous sera également utile.

Et vous pouvez faire les deux !

Dans les deux cas, le but de cette partie est de vous projeter dans la peau de celui ou de celle que vous voulez devenir, exerçant la (les) activité(s) professionnelle(s) qui vous tente(nt).

Proposition 1. Tentez de rentrer en contact avec une personne que vous ne connaissez pas (et qui ne vous connaît pas non plus) et que vous ne serez pas susceptible de revoir (tout du moins pas régulièrement). Cela peut-être dans le cadre d'une fête, dans une salle d'attente, à un arrêt de bus, dans un café, dans un aéroport...

Le but ici est qu'elle vous demande ce que vous faites dans la vie. Donc essayez de l'amener sur ce terrain (par exemple, en lui demandant en premier ce qu'elle-même exerce comme métier).

Et là, le mensonge sera pour une fois hautement recommandé. Vous allez répondre à cette personne **comme si vous exerciez déjà l'activité qui vous attire**. Il faudra donc trouver un intitulé à votre profession, puis répondre aux différentes questions que vous posera cette personne. Si vous parvenez à dépasser votre résistance et votre gêne initiales, cet exercice pourra s'avérer drôle et très bénéfique !

Pensez bien à faire un bilan écrit de cet entretien.

Proposition 2. Si le test en grandeur nature ne vous tente pas, vous allez devoir faire fonctionner votre imagination ; pour ce faire, imaginez que vous êtes dans un avion (ou dans un train). Vous sympathisez avec votre voisin, qui vous pose alors des questions sur votre travail. Répondez-y par écrit :

- Où allez-vous ?
- Qu'est-ce que vous allez faire là-bas ? / Qu'est-ce que vous faites dans la vie ?
- Et plus précisément ?
- Comment en êtes-vous venu à faire ce travail ?

Rencontrez des « modèles »

Il peut être très enrichissant de rencontrer des personnes qui exercent déjà la/les activité(s) que vous pensez à exercer. Vous pourrez obtenir des informations précieuses et précises sur la façon dont elles vivent leur métier, et sur le contenu réel de ce métier.

Recherchez des personnes, par l'intermédiaire de votre réseau, ou sur Internet, que vous aimeriez interroger, et contactez-les en expliquant simplement votre situation et votre demande. Vous pouvez leur demander de vous accorder quelques minutes par téléphone ou de visu, et/ou leur envoyer une liste de questions auxquelles elles pourront répondre par email. C'est parfois plus simple pour des personnes déjà bien occupées de répondre par écrit.

Vous pouvez télécharger une grille d'interview complète sur le site www.faiscequilteplait.com.

Votre « Recueil d'Euphorie »

Les bilans écrits des exercices précédents ont tout à fait leur place dans votre Recueil d'Euphorie.

Et complétez-le également avec tous les éléments symbolisant les idées nouvelles qui seront apparues cette semaine et/ou les idées d'activités professionnelles trouvées les semaines précédentes. Recueillez tout ce qui crée chez vous du plaisir, de l'envie, des vibrations.

Puis, comme la semaine dernière, en fin de semaine, accrochez à votre Tableau d'Euphorie les éléments qui vous enthousiasment le plus, ceux qui se rapportent aux activités qui vous tenteraient vraiment.

VOTRE JOURNAL DE BORD

Revisitez chaque exercice intérieur et extérieur, et répondez à ces 5 questions :

- Qu'avez-vous ressenti en faisant chacun des exercices ?
- Qu'avez-vous découvert ou redécouvert sur vous ?
- Avez-vous été surpris par quelque chose ?
- Qu'avez-vous appris ?
- De quoi avez-vous pris conscience ?

Vous pouvez aussi dépasser le cadre de ces questions et dresser votre propre bilan personnalisé.

La semaine prochaine,
débutez votre nouvelle vie !

Semaine 12

UNE VIE TOUTE NEUVE !

La fin de ce programme
mais le début de votre nouvelle vie

CHERS LECTEURS...

Quel plaisir d'avoir rédigé ce programme pour vous accompagner dans la redécouverte de vous-même et de votre potentiel...

Vous avez appris durant ces onze semaines des outils pour faire remonter en surface vos rêves et vos besoins enfouis.

Vous avez passé onze semaines à redécouvrir ce que vous aimez vraiment, ce qui fait de vous un être unique.

Ce programme vous a accompagné dans la reconquête de **votre** chemin ; car il y a autant de chemins que d'individus...

Maintenant que vous avez terminé ce travail (même s'il n'est heureusement jamais réellement fini !), vous êtes en route pour créer **une vie qui vous plaît vraiment.** Et ce faisant, vous allez aider les gens qui sont autour de vous. Parce qu'en construisant et en vivant une existence que vous aimez, vous inspirerez et encouragerez les gens à vivre, eux aussi, une vie à leur mesure.

J'espère que vous aurez pu prendre conscience en profondeur de la nécessité de vous diriger vers ce que vous aimez vraiment, vers ce qui vous fait vibrer, pour être réellement vous-même. Que vous aurez pleinement réalisé que la seule véritable manière de vous sentir épanoui, bien dans votre peau, de trouver votre place dans le monde, c'est de faire ce que vous aimez vraiment faire, d'utiliser vos talents et de poursuivre vos rêves. La seule véritable manière de vous sentir heureux, c'est d'actualiser votre potentiel.

> C'est ce qui vous donnera l'intense certitude
> que votre vie a un sens.

Le travail que vous avez effectué au travers de ce programme vous aura permis de mettre en lumière les éléments de base, le fil rouge, les pièces essentielles de votre puzzle. Mais leur forme sera amenée à changer, vous rencontrerez d'autres sources d'enthousiasme, vous nourrirez d'autres rêves, vous développerez d'autres talents. Rappelez-vous que trouver et vivre son chemin est un processus continu, qui s'étend sur toute une vie.

Mais ce qui est essentiel, absolument essentiel, et intangible, c'est cela :

- Ce que vous aimez, c'est ce pour quoi vous êtes doué (vos goûts pointent du doigt vos talents ; même s'ils ne sont pas encore développés, ils sont en vous, à l'état de potentiel).
- La seule véritable manière d'être heureux est de faire ce que vous aimez faire (et de poursuivre vos rêves...).

- Vous êtes irremplaçable et le monde a besoin de vous.

Il n'y a pas de mystère. Chacun de nous est fait pour quelque chose – **et souvent plusieurs choses !** Lorsqu'on découvre (ou redécouvre) ce pour quoi l'on est fait, on est comme aimanté par ces sources d'enthousiasme qui nous attirent irrésistiblement. Suivre cet élan magnétique, c'est permettre que naissent en nous la joie, le plaisir et l'épanouissement.

Si vous n'avez pas encore clairement identifié ce que vous vouliez vraiment faire de votre vie, c'est très probablement que vous avez mélangé le **quoi** et le **comment**. C'est-à-dire qu'au moment même où un rêve, une passion ou une vision de votre vie/travail idéal(e) émergeait dans votre esprit, vous l'avez instantanément étouffé en vous demandant comment ce rêve pourrait être possible, et en décrétant probablement qu'il ne pourrait pas l'être.

Si vous êtes dans ce cas, souvenez-vous de ceci : la plupart d'entre nous ne savons pas ce qui est possible ou non ; tout simplement parce que nous n'avons pas suffisamment d'informations. Nous avons beaucoup de préjugés, d'idées reçues, mais le prétendu impossible devient souvent possible lorsque l'on passe outre ces croyances préconçues et qu'on va réellement chercher les informations nécessaires. La plupart du temps, mettre un rêve au contact de la réalité (et je veux dire **vraiment** le mettre au contact de la réalité) ne le tue pas. Bien au contraire, il le rend possible ; il lui donne vie.

Ceci étant dit, si vous n'avez pas mélangé le quoi et le comment, alors il y a toutes les chances pour que vous ayez maintenant une vision bien plus claire de la vie que vous voulez vraiment vivre.

Replongez régulièrement dans votre Recueil d'Euphorie, regardez et complétez votre Tableau, relisez votre lettre du futur et les réponses que vous avez données à l'ensemble des exercices. Nourrissez votre vision, chaque jour. Imaginez-vous dans votre vie idéale, à faire vos activités idéales.

Ne perdez pas de vue ce que vous venez de découvrir et d'explorer.

L'étape suivante est bien sûr l'action, la concrétisation de vos souhaits. Vous avez d'ores et déjà les clés en main pour avancer : votre énergie, votre ingéniosité, et surtout, surtout, une vision. La vision de la vie faite pour vous.

BEAUCOUP DE PRATIQUE

Cette semaine, pas de distinction entre les Exercices extérieurs et intérieurs. Il est temps désormais que ces deux dimensions se mêlent et se fondent...

Vos « Écritures Automatiques » et votre Recueil d'Euphorie

Peut-être aurez-vous envie de poursuivre la rédaction de vos Écritures au-delà de ces douze semaines. Peut-être aussi déciderez-vous que leur mission est accomplie et s'arrête ici. Le choix vous appartient ; vous êtes désormais plus que jamais conscient qu'il faut écouter votre cœur et vos intuitions. Même si vous arrêtez aujourd'hui, vous savez aussi que vous pourrez les reprendre quand vous le souhaiterez. Ces Écritures Automatiques vous seront utiles à chaque fois que vous traverserez des périodes de doutes ou de confusion. Elles seront toujours là pour vous apporter de la lumière.

Quant à votre Recueil d'Euphorie, je vous conseille très vivement de vous y replonger, de le compléter chaque fois que vous en ressentirez le besoin, que vous rencontrez une nouvelle passion, que vous nourrirez un nouveau projet. Les Recueils et Tableaux d'Euphorie constituent au fil des années des archives extraordinaires des plus jolis trésors de votre existence.

Alors, voilà, les cartes sont entre vos mains. À vous de choisir ce qui vous convient le mieux !

En route pour l'aventure !

Ramener à la surface de sa conscience ce que l'on veut vraiment faire de sa vie est l'étape la plus essentielle, et la plus difficile aussi. Vous avez réellement fait le plus dur. Ce qu'il vous reste désormais à faire, c'est à mettre en œuvre des actions concrètes pour vous rapprocher de la vision idéale de votre existence, que vous avez désormais profondément ancrée en vous.

Je ne dis pas que cette étape de réalisation et de concrétisation est facile. Mais, lorsque l'on est porté par un rêve, une vision, un projet, que l'on sait vers où se diriger, l'énergie et la motivation s'éveillent et peuvent déplacer des montagnes.

Cet exercice en cinq étapes a pour but d'**amorcer votre mise en action** (si ce n'est pas déjà fait). Le but de ce programme n'est pas de développer longuement la réalisation des objectifs, mais il est indispensable néanmoins que vous basculiez dans la phase grisante et déterminante de la **concrétisation**. Les rêves sont faits pour être réalisés...

Étape 1 : Dessinez votre nouvelle vie. Vous souvenez-vous de l'exercice « Dessinez ce qui ne va pas » de la semaine 3 ? Eh bien aujourd'hui, j'aimerais que vous dessiniez votre future nouvelle vie. Vous pouvez aussi agrémenter votre dessin de collages si vous le souhaitez.

Pensez à vous représenter, d'une manière ou d'une autre ; c'est tout de même important que vous soyez présent dans votre propre existence...

Comme pour l'exercice de la semaine 3, vous n'avez besoin d'aucun talent artistique particulier. Ce qui est important, c'est que votre dessin (même si ce sont des formes géométriques !) symbolise à votre façon la nouvelle vie que vous voulez vivre.

Prenez une grande feuille, de préférence de format A3. Votre nouveau Moi a besoin de beaucoup de place !

Lorsque vous aurez terminé, accrochez ce dessin à votre Tableau d'Euphorie.

Étape 2 : Vos objectifs. Je vais vous demander à présent de reprendre la classification des différents domaines de vie que vous avez également utilisée durant la semaine 3. Vous rappelez-vous ? Je vous avais donné un exercice qui consistait à lister tout ce dont vous ne vouliez plus dans votre existence, tout ce qui vous rendait insatisfait, dans tous les aspects de votre vie. Aujourd'hui, nous allons nous resservir de cette nomenclature.

À la lumière de :

- vos valeurs,
- vos rêves,
- vos passions,
- vos talents,
- vos conditions de vie/travail idéales,
- votre Or,

- votre énoncé de mission de vie,
- vos réponses à l'exercice de la semaine 7 « Ce qui est absolument essentiel »,
- votre lettre du futur (rédigée pendant la semaine 7),

vous allez déterminer et rédiger vos objectifs majeurs dans chacun des domaines ci-dessous :

- domaine personnel (développement physique, psychologique, intellectuel, spirituel...) : ...
- domaine professionnel : ...
- domaine familial (couple, enfants, famille élargie) : ...
- domaine social (relations amicales, engagements associatifs, communautés...) : ...
- domaine financier : ...
- domaine des loisirs (projets divers, activités, voyages, sorties...) : ...
- Autre : ...

Utilisez des verbes à l'infinitif pour formuler vos objectifs.

Exemples

– « Monter mon propre restaurant »,
– « Partir en mission humanitaire »,
– « Apprendre à jouer de la guitare »,
– « Voyager trois fois par an », « trouver une maison à louer au bord de la mer »,
– « Déménager »,
– « Suivre une formation d'ébénisterie »...

Étape 3 : Analyse des objectifs. À présent, vous allez relire les objectifs que vous venez de rédiger. Pour chacun d'entre eux, posez-vous les cinq questions suivantes :

- De quel(s) élément(s) est-ce que je dispose déjà ?

- Qu'est-ce qui me manque ? (Qu'est-ce que je n'ai pas ?)
- Qu'est-ce qui s'oppose à l'accomplissement de mes objectifs ? Quels sont les obstacles que je rencontre ?
- Quelle(s) solution(s) mettre en place pour obtenir ce qui me manque ?
- Quelle(s) solution(s) mettre en place pour éliminer les obstacles ?

Vos réponses peuvent être : une chose (matérielle, comme un objet, un lieu, ou immatérielle, comme du temps), et/ou une personne.

Reproduisez en plus grand le tableau p. 176 si cela peut vous aider.

Vous pouvez trouver un exemple de tableau rempli sur le site www.faiscequilteplait.com.

Étape 4 : Et ensuite ? À présent, vous allez amorcer votre avancée concrète vers votre nouvelle vie. Il faut un début à tout. Une première décision. Une première action.

Je ne vous demanderai pas ici de faire un plan d'actions détaillé (vous pourrez bien sûr le faire ensuite !), mais de déterminer, au vu de l'analyse des objectifs à laquelle vous venez de procéder, **la toute première action** à entreprendre pour chacun de vos objectifs.

« *What's next ?* » Quelle est la plus petite action (et néanmoins déterminante) que vous pouvez entreprendre pour démarrer la machine, pour vous mettre en mouvement, pour enclencher votre progression vers votre nouvelle existence ?

Étape 5 : Foncez ! Et maintenant, commencez ; vraiment. Avancez, même d'un pas. Les grandes réalisations ne sont finalement qu'une succession de petites étapes. Lorsque vous aurez commencé à avancer concrètement vers la réalisation de vos objectifs, vous verrez se mettre en place en vous une spirale ascendante d'énergie et de confiance en vos capacités. Car c'est bien comme ça que se développe la confiance : en agissant. Bien sûr vous avez des peurs, bien sûr vous avez des doutes. Mais la plupart de nos peurs sont injustifiées et s'effritent devant l'action et la réalisation.

> « *Think big, start small.* »
> Pensez grand, commencez petit.

Gardez bien cette phrase à l'esprit...

Comment construit-on un gratte-ciel ? Un étage après l'autre. Votre nouvelle vie se construira de la même manière ; une étape après l'autre.

Vous verrez qu'en concrétisant ce que vous avez créé dans votre esprit, vous rencontrerez une sensation à laquelle vous prendrez vite goût : **la sensation d'être vous-même et de mener une vie authentique.**

Analyse de mes objectifs

Domaines	Objectifs	Éléments dont je dispose déjà			Ce qui me manque			Ce qui s'oppose à l'accomplissement de mes objectifs			Solutions à mettre en place pour obtenir ce qui me manque	Solutions à mettre en place pour éliminer les obstacles
		Qui	Quoi	Où	Qui	Quoi	Où	Qui	Quoi	Où		
Personnel	0											
	2.											
	3...											
Professionnel	1.											
	2.											
	3...											
Familial	1.											
	2.											
	3...											

(suite)

Social	1.												
	2.												
	3...												
Financier	1.												
	2.												
	3...												
Loisirs	1.												
	2.												
	3...												
Autre	1.												
	2.												
	3...												

Encore un petit mot...

Allez-y, les rêves n'attendent pas

J'espère de tout cœur que ce programme aura contribué à vous réveiller pleinement à vous-même, à vous faire pousser des petites ailes, à vous réénergiser. Parce que, lorsque l'on sort de notre somnambulisme, c'est là qu'on peut devenir le meilleur de nous-même, ce Moi Extraordinaire dont je vous parle depuis le départ.

Avancez vers vos rêves, avancez vers vos passions, avancez vers vous-même ; c'est le plus joli des services que vous pourrez vous rendre et que vous rendrez au monde. Approchez-vous de la version sublime de vous-même, allez sans crainte et sans relâche vers le développement de votre potentiel, de votre Or. Vous êtes une personne exceptionnelle, je le sais sans même vous connaître...

Merci d'avoir suivi ce programme. C'est pour des Rêveurs (dans le sens très positif du terme) comme vous que je fais ce métier et que je continue à le développer.

Et laissez-moi vous féliciter. Vous pouvez être fier de vous, vous avez parcouru un très beau chemin.

Vite, vite, allez-y, les rêves n'attendent pas. Je voudrais être là pour voir ce qui fait briller vos yeux et fait virevolter dans votre ventre et dans votre cœur... de majestueux petits papillons.

Bibliographie

ABRAMI, Léo, *La logothérapie, une démarche thérapeutique*, Pierre Téqui éditeur, 2006.

ADRIENNE, Carol, *Find your purpose, change your life*, Quill, 2001.

BAZIN, Philippe, *Petit manuel de self-leadership*, InterEditions, 2010.

BAZIN, Philippe & DORIDOT Jean, *Petit manuel d'auto-coaching*, 2e édition, InterEditions, 2011.

BECK, Martha, *Finding your own North Star*, Piatkus, 2001.

BOLDT, Laurence G., *Zen and the art of making a living ; a practical guide to creative carrer design*, Penguin Compass, 1999.

BOLLES, Richard Nelson, *How to find your mission in life*, Ten Speed Press, 1991.

BOUCHER, Sylvie, *Le pouvoir de créer sa vie*, Les Editions Quebecor, 2005.

BRAGG, Andrew & Mary, *Developing New Business Ideas*, Financial Times/Prentice Hall, 2005.

CAMERON, Julia, *Libérez votre créativité*, J'ai lu, 1995.

CAMERON, Julia, *The complete artist's way*, New York, Tarcher/Penguin, 2007.

COMBS, Patrick, *Major in Success*, Ten Speed Press, 2000.

COVEY, Stephen R., *Les 7 habitudes de ceux qui réalisent tout ce qu'ils entreprennent,* Fisrst Editions, 1996.

CSIKSZENTMIHALYI, Mihaly, *Vivre : La psychologie du Bonheur,* Pocket, 2006.

CSIKSZENTMIHALYI, Mihaly, *Mieux vivre en maîtrisant votre énergie psychique*, Robert Laffont, 2005.

DUPUY, Valérie, *Les mots pour changer de vie*, Milan, 2007.

EDEL, Laurent, LANZMANN Chine, *Gagner sa vie en se faisant plaisir,* J'ai lu, 2006.

EDWARDS, Betty, *Dessiner grâce à votre cerveau droit*, Mardaga, 1987.

EDWARDS, Paul & Sarah, *Finding your perfect work*, New York, Tartcher/Putman, 2003.

EDWARDS, Paul & Sarah, *The practical dreamer's handbook*, New York, Tarcher/Putman, 2000.

FRANKL, Viktor *Découvrir un sens à sa vie : Avec la logothérapie,* Les Éditions de l'Homme, 2005.

FRANKL, Viktor *Nos raisons de vivre : À l'école du sens de la vie,* InterEditions, 2009.

GELB, Michael J., *Pensez comme Leonard de Vinci*, Les Éditions de l'Homme, 2004.

GRANT, Anthony M., Grenn, *Coachez-vous !*, Village Mondial, 2001.

HILLMAN, James, *Le code caché de votre destin*, J'ai lu, 1999.

KIMELDORF, Martin, *Creating Portfolios*, Free Spirit Publishing, 1994.

LEVOY, Gregg, *Callings : Finding and Following an Authentic Life,* Harmony Books, 1997.

MONBOURQUETTE, Jean, *À chacun sa mission*, Bayard, 2003.

NICHOLS Roulac, Ann, *How to create the life you want*, Green Island Publishing, 2006.

PATTAKOS, Alex, *Découvrir un sens à son travail : D'après les théories de Viktor Frankl,* Les Éditions de l'Homme, 2006.

PEARSON, Carol S., *The hero within*, Harper One, 1998.

SHER, Barbara, *Wishcraft : How to get what you really want*, Ballantine Books, 1979.

SHER, Barbara, *I could do anything if I only knew what it was*, Dell Trade Paperback, 1994.

SHER, Barbara, *Live the life you love*, Hodder, 1997.

SINETAR, Marsha, *Do what you want, the money will follow*, Dell Trade Paperback, 1987.

SWIFT, W. Bradford, *Life on Purpose*, Elite Books, 2007.

WINTER, Barbara, *Making a living without a job*, Bantam Books, 2009

YEAGER, Neil, *Career map : deciding what you want, getting it, and keeping it,* John Wiley & Sons Inc, 1988.

YOUNG, Valerie, *Finding your true calling,* Changing Course, 2002.

TABLE DES MATIÈRES

Notes personnelles

Si vous désirez contacter l'auteur :
www.maudsimon.com

901884 - (I) - OSB 90 - PCA - NRI
Imprimerie CHIRAT - 42540 Saint-Just-la-Pendue
Dépôt légal : juin 2019
N° 201905.0063

Imprimé en France